Luis Corvalán

Der Zusammenbruch der Sowjetmacht

LUIS CORVALÁN

Der Zusammenbruch der Sowjetmacht

Dietz Verlag Berlin

Originaltitel: El Derrumbe del Poder Soviético

Aus dem Spanischen übersetzt
von Christel Dobenecker

Corvalán, Luis: Der Zusammenbruch der Sowjetmacht /
Luis Corvalán. - Berlin : Dietz Verl. GmbH 1995. - 221 S.,
8 Bilds. : 12 Abb.
EST Luis Corvalán: El Derrumbe del Poder Soviético<dt.>

ISBN 3-320-01909-0

Mit 12 Abbildungen aus dem Besitz des Autors

Satz und Gestaltung: Brigitte Bachmann
Druck und Bindearbeit:
Druck- und Verlagsanstalt Wiener Verlag GmbH
Printed in Austria

Inhalt

Für den deutschen Leser

Deutschland, geographisch im Zentrum Europas gelegen, ist Schlüsselpunkt an den bedeutenden Scheidewegen der Menschheit in dem nun zu Ende gehenden Jahrhundert gewesen. Am eigenen Leib erlitt es die Verheerungen des Hitlerfaschismus und des Zweiten Weltkrieges. Auf Beschluß der Siegermächte wurde es besetzt und geteilt. Etwas mehr als ein Drittel seines Territoriums, also 20 Prozent seiner Bevölkerung, lebte über einen Zeitraum von 40 Jahren im Sozialismus. Nicht zufällig also umfaßt dieses Buch über den Zusammenbruch der Sowjetmacht auch drei Kapitel, die die Deutschen ganz direkt betreffen: »Die geopferte DDR«, »Die Berliner Mauer« und »Der Pakt von 1939 und sein geheimer Wortlaut«. Sie enthalten etliche, im Verlauf der Zeit verdrängte oder vergessene Wahrheiten. Ich hoffe, daß sie für die Jugend von Nutzen sein können. Wie alle chilenischen Kommunisten war ich mein ganzes Leben ein Freund der Sowjetunion, ihr Bewunderer, bemüht, ihre großen Erfolge beim Aufbau des Sozialismus zu propagieren. Als dieser zusammenbrach, war ich nicht nur betroffen, sondern sah es als meine Pflicht an, ein Wort dazu zu sagen. Wir schulden unserem Volk zumindest eine Erklärung. Ich machte mich an die Arbeit, befaßte mich eingehend mit dem Geschehen, sprach mit vielen Leuten, erinnerte mich an Ereignisse und Erlebnisse, zog Schlüsse - und so entstand dieses Buch.

Ich war auch ein begeisterter Freund der DDR, bewunderte ihre Erfolge bei dem Bemühen, den Traum von Marx und Engels, den berühmten Söhnen des deutschen Volkes, in die Tat umzusetzen.

In den siebzehn Jahren, als sich in meinem Land das faschistische Regime halten konnte, das, nachdem es die Regierung des großen Präsidenten Salvador Allende gestürzt hatte, mit Blut und Feuer an die Macht gelangt war, hatte das deutsche Volk hochherzig und solidarisch auf seiten des demokratischen Chile gestanden. Wie könnte ich das vergessen! Damals gab es noch zwei deutsche Staaten, In der DDR war die Solidarität umfassender, aktiver und großzügiger. Das ist bekannt, und es ist erklärlich, denn die Unterstützung ging nicht nur von den politischen und gesellschaftlichen Organisationen aus, sondern dahinter stand auch die Regierung mit Erich Honecker an der Spitze, der ein Leben lang Antifaschist gewesen war, der für den Sozialismus gekämpft und uns leidenschaftlich auf dem Weg bestärkt hat, den Salvador Allende eingeschlagen, um auch auf unserem Boden eine neue Gesellschaft aufzubauen.

Deshalb freue ich mich sehr, daß »Der Zusammenbruch der Sowjetmacht« nun in Deutschland erscheint. Mehr als ein Essay, in dem die Analyse im Vordergrund steht, ist dieses Buch eine journalistische Reportage darüber, was sich in der Sowjetunion zugetragen hat, vom Beginn der Perestroika an bis zum Untergang der Sowjetmacht. Dem Leser wird hier eine Sicht auf die Umstände geboten, die zum Niedergang führten. Heraufbeschworen werden die kontroversen Fakten und Bedingungen, unter denen die erste sozialistische Gesellschaft entstand und sich entwickelte, hervorgegangen aus einem zurückgebliebenen Land ohne demokratische Traditionen, das sich von Anfang an der ständigen Feindseligkeit des Imperialismus ausgesetzt sah, das im Zweiten Weltkrieg überfallen und verwüstet, in den langen Jahren des Kalten Krieges bedroht wurde und deshalb permanent gezwungen war, die gewaltige Kriegsindustrie auszubauen und Unsummen für die Verteidigung auszugeben, die auf diese Weise dem Volk verlorengingen. Das sind Tatsachen, die nicht geleugnet werden können.

Doch die wirklichen Ursachen der Katastrophe dürfen nicht in den äußeren Faktoren gesucht werden. Der Hinkende macht für sein Hinken das Straßenpflaster verantwortlich; aber es wäre zu einfach, wollte man die ganze Schuld Stalin, Breshnew und anderen Staatsmännern zuschieben, wenn sie auch, jeder für sich, natürlich ihren Teil Verantwortung tragen. »Man muß erkennen«, sage ich am Anfang eines Kapitels, »daß die KPdSU die Hauptschuld am Zusammenbruch des Sozialismus in ihrem Land und in Europa trägt«, denn letztlich löste sie sich von den Massen, hörte auf, eine wirklich kommunistische Partei zu sein, und verwandelte sich in einen Machtapparat, in ein bürokratisches Gebilde, das nichts von den Mißständen bemerkte, die in der Gesellschaft und in ihren eigenen Reihen immer mehr um sich griffen, oder, wenn sie sie bemerkte, unfähig war, sie erfolgreich zu bekämpfen. Von daher die Stagnation der Wirtschaft, das Fehlen einer effektiven Politik zur Entwicklung der Demokratie, der technologische Rückschritt in einem Großteil der Industrie, der Landwirtschaft und des Handels sowie die Enge im Denken.

Die Reaktionäre in der ganzen Welt frohlockten über den Kollaps des Sozialismus in der Sowjetunion und den nachfolgenden Zusammenbruch der sozialistischen Regime in Ost- und in Mitteleuropa. Der Kapitalismus errang einen bedeutenden Sieg. Von der Bühne der Welt trat eine der beiden Supermächte - die sozialistische - ab, der Imperialismus blieb fast ohne

Gegenpol in der internationalen Arena zurück, und die revolutionären Kräfte gerieten in eine Krise, einige kommunistische Parteien zerfielen in Splittergruppen, und alle sehen ihre Reihen sich lichten. Die internationale Lage hat sich zum Negativen hin verändert.

Überheblich und euphorisch verkündet der Kapitalismus das Ende der Geschichte und den Tod der Ideologien, die Vorzüge der freien Marktwirtschaft, des Privatunternehmertums, der Konsumgesellschaft und der kapitalistischen Demokratie. Doch die Geschichte geht weiter, die menschliche Gesellschaft verändert sich unaufhörlich, der Mensch ist auch künftig ein Wesen, das über eine gerechtere Gesellschaft nachdenkt und von ihr träumt. Der Kapitalismus, mit seinem freien Markt, seinem Konsumfieber und seiner 10-Prozent-Demokratie - Demokratie einiger weniger für einige wenige -, kann die großen Probleme des Hungers von Millionen und aber Millionen, der Zurückgebliebenheit und der Unterentwicklung des größten Teils der Weltbevölkerung abmildern, aber nicht lösen; er wird nicht dafür sorgen, daß der Mensch im Mittelpunkt des Interesses steht und nicht die Gier der Unternehmen, die die Wälder und die Schätze des Meeres vernichten, die Gewässer und die Luft vergiften und das Leben auf der Erde töten.

Der Sozialismus ist die Gesellschaft der Zukunft und wird es auch weiterhin sein. Der Sozialismus ist nicht tot, der Sozialismus ist nicht gescheitert. Tot und gescheitert ist eine bestimmte Art von Sozialismus. Zu dieser Art von Sozialismus wollen die Völker, nach dieser Erfahrung, nicht zurückkehren. Aber sie zeigen auch keine Begeisterung für den Kapitalismus, der von den gegenwärtigen Regierungen gepriesen wird. Immer mehr wächst die Unzufriedenheit über die Situation, in der sie sich durch Arbeitslosigkeit, Korruption und Unsicherheit befinden, durch Mangel an

Konsumgütern und durch zu hohe Preise, durch die Verschlechterung lebenswichtiger Einrichtungen, vor allem des Gesundheits- und des Bildungswesens. Die Wahlergebnisse in einigen der ehemaligen sozialistischen Länder sagen etwas darüber aus. Die Bevölkerung dort beginnt mit dem Wiederaufbau notwendiger politischer und gesellschaftlicher Organisationen, die ihnen gestatten, neuerlich, unter Berücksichtigung der aus den gestrigen Fehlern gewonnenen Einsichten, den Weg zu beschreiten, der sie zu einer wirklich überlegenen sozialistischen Gesellschaft führen wird.

Luis Corvalán
Santiago de Chile, im Februar 1995

»... So reich die Zukunft an Verheißungen ist, so zahllos sind die Enttäuschungen der Gegenwart.
So sicher die Zukunft ist, so verräterisch ist die noch so bescheidene Gegenwart.
Ehe wir den erquickenden Schatten der Oase erreichen, die unsere Augen in der Ferne wahrnehmen,
wie lange werden unsere Füße im glühenden Sand der Wüste bluten! Wie viele unserer Brüder werden, erschöpft und todgeweiht, von der langen Karawane verlassen, die immer weiter marschiert und nie innehält; wie viele unserer Brüder werden von den wilden Tieren zerrissen, die uns umschleichen und dann zustoßen; wie viele unserer Brüder sterben vom Blei der Räuber, die uns ständig auflauern und oft über uns herfallen!
Zweifellos wird unsere Armee siegen, und unsere edle Fahne wird sich über der eroberten Erde entfalten, aber etliche Soldaten bleiben liegen, hingestreckt
auf dem Weg, und ihre Wunden werden nicht gepflegt, keiner fragt nach ihrem Namen.
Die Niederlage muß weinen und leiden: Sie zählt ihre toten Soldaten; aber der Sieg ist voll Freude, ungeteilter Freude; er vergißt jene. Die Zukunft, der Sieg und die Ruhe sind nicht von Dauer; sicher sind uns nur die gestrige Niederlage und der morgige Kampf.«

»Von der Hoffnung«, anonym, Paris 1834

Warum diese Seiten

Die Krise des sogenannten real existierenden Sozialismus erlebten Millionen und aber Millionen von Menschen als ein Drama, das sich nach dem Kollaps der Sowjetunion noch zuspitzte. Über das Geschehen war in keinen Büchern nachzulesen. Nie hatten wir es für möglich gehalten. Deshalb bedrängen uns so viele Fragen, die nach Antwort verlangen. Ich persönlich habe das Bedürfnis gehabt, etwas dazu zu sagen, vielleicht weil ich zum großen Teil verantwortlich bin für die Hochachtung, die wir chilenischen Kommunisten über lange Zeit den sozialistischen Ländern allgemein und der Sowjetunion im besonderen entgegenbrachten. Das Bedürfnis verstärkte sich noch, als ich in den letzten Augusttagen des Jahres 1991 an einem Parteikongreß in dem kleinen Ort Til-Til teilnahm, wo mein Freund Manuel Varas, Mitglied des Zentralkomitees, einige Jahre Bürgermeister gewesen war; er gehört zu den Tausenden, die während der Pinochetdiktatur verschwunden sind. Die Genossen in Til-Til waren ratlos, aufgewühlt von den Ereignissen in dem großen sozialistischen Land, das sie so sehr geschätzt hatten: Knapp eine Woche war es damals her, daß die UdSSR und die ganze Welt durch den von Vizepräsident Genadi Janajew angeführten ernüchternden Putsch gegen Michail Gorbatschow erschüttert wurde. Gorbatschow hatte mit seinem Verzicht auf das Amt des Generalsekretärs der KPdSU sowie mit seinem Antrag, das Zentralkomitee solle sich selber auflösen, Verwunderung hervorgerufen. Die Partei stellte ihre Aktivitäten ein, die örtlichen Büros sowie die Zeitungsredaktionen wurden geschlossen, die Gelder eingefroren.

»Wie konnte es dazu kommen?« fragte mich ein Genosse bei unserer Zusammenkunft. Und er fügte gleichsam kritisch und vorwurfsvoll hinzu: »Und die Genossen, die in den sozialistischen Ländern im Exil gewesen sind, haben uns nichts erzählt, wir erfahren das alles erst jetzt.«

Ich bin sicher, die beunruhigenden Fragen meiner Genossen in Til-Til sind die gleichen, die Tausende und aber Tausende von Kommunisten in vielen sozialistischen Ländern bewegen sowie all jene, die in der Sowjetunion eine unzerstörbare Kraft sahen, welche bei der Verteidigung des Friedens und als Gegengewicht zur imperialistischen Macht eine bedeutende Rolle in der Welt spielte.

Ihr Zusammenbruch hat die ganze Welt überrascht. Es war ein schwerer Schlag, zumal für die Kommunisten. Ihre Parteien gerieten in die Krise. Viele Menschen waren irritiert, verhielten sich passiv, abwartend.

Ich denke, die meisten Mitglieder der Partei und die große Zahl der Landsleute, die unseren Worten glaubte, können sich nicht erklären, weshalb wir so begeistert und entschieden die Sowjetunion verteidigt und so leidenschaftlich ihre Erfolge propagiert haben - als ihre Freunde in guten und schlechten Zeiten, Verbündete in jeder Situation, scheinbar bedingungslos.

Obwohl ich ein alter Kommunist bin und etliche Jahre in der Sowjetunion gelebt habe, könnte ich dennoch nicht wie ein Allwissend von oben herab über das Geschehene sprechen, die Zweifel aus der Welt räumen und alle Fragen beantworten; viele der Fragen stelle ich mir ja selber. Das Scheitern der Sowjetmacht und das Auseinanderbrechen der großen Kraft, die mit der Oktoberrevolution 1917 entstand, ist das folgenschwerste Ereignis in der zweiten Hälfte des 20. Jahrhunderts. Eine Einschätzung ist nicht einfach.

Eines Tages fragte ich Clodomiro Almeyda nach seiner Meinung über die Ereignisse, die er als chilenischer Botschafter in Moskau direkt miterlebt hatte. Noch war nicht klar, wohin der Weg führen würde. Cloro hütete sich, ein endgültiges Urteil abzugeben, und erinnerte vielmehr daran, daß einst Mao Tse Tung um seine Meinung über die Französische Revolution gebeten worden sei und daß der chinesische Führer daraufhin gefragt habe, wie viele Jahre seitdem vergangen seien. Fast 200 Jahre, wurde ihm geantwortet. Ach, das sei nicht viel, entgegnete er, man müsse noch etwas warten, ehe man ein Urteil wagen könne.

Dennoch wird eine umfassende, objektive Analyse der Dinge gebraucht, eine Analyse jenes gewaltigen Prozesses des sozialistischen Aufbaus in der Ex-UdSSR, von ihren Anfängen bis zu ihrem Ende, bis zum Scheitern der Perestroika; notwendig ist das exakte Erforschen der Widersprüche, die im Laufe der Zeit auftauchten, und der Art und Weise, wie sie gelöst wurden, wobei alle Elemente, die zu ihrer Überwindung oder Lösung beitrugen, beachtet werden müssen. Ich bin sicher, daß eine solche Analyse, die in erster Linie für die angefertigt werden muß, die die Fahne des Sozialismus hochhalten, von den russischen Revolutionären selber kommen wird, den Protagonisten und direkten Zeugen der einschneidendsten sozialen Erschütterungen des Jahrhunderts. Aus dieser Analyse müssen wertvolle theoretische Erkenntnisse abgeleitet werden, die von allgemeinem Nutzen sind und die es, zu gegebener Zeit, möglich machen werden, in der Ex-UdSSR und in Osteuropa das große Abenteuer, mit den notwendigen Korrekturen, wieder aufzunehmen: den Traum vom Aufbau einer sozialistischen Gesellschaft zu realisieren, in der alle Menschen tatsächlich Brüder sind, Bürger mit gleichen Rechten und Pflichten.

Ich erhebe nicht den Anspruch, den Dingen ganz auf den Grund zu gehen. Obwohl ich sechs Jahre in Moskau gelebt und davor ich weiß nicht wie oft die Ex-UdSSR besucht habe, bin ich weit davon entfernt, das, was ich gesehen habe, in seiner ganzen Komplexität zu kennen. Ich will versuchen, einiges darzulegen oder zu kommentieren, um wenigstens dazu beizutragen, uns Klarheit zu verschaffen und bestimmte Phänomene, in die wir verwickelt waren oder zu denen wir Stellung bezogen haben, zu erläutern - nicht zu beurteilen. Wenn sich meine Kommentare teilweise der Analyse annähern, nehmen Sie das als persönliche Überlegungen, die die Partei, der ich seit über 60 Jahren angehöre, nicht verunglimpfen sollen.

Wir, die wir die Gastfreundschaft der Sowjetunion genossen, sahen in dieser großen euro-asiatischen Macht ein Land, das eine bedeutende Stufe des Fortschritts und des Wohlstands seiner Völker erreicht hatte. Zu beobachten und zu kritisieren waren Unvollkommenheiten, Mängel, Produkte mit schlechter Qualität. Doch daneben war unübersehbar der großartige materielle Aufbau des Sozialismus, die kostenlose Ausbildung, die kostenlose gesundheitliche Betreuung, die Fürsorge für die Kinder und die Hochherzigkeit des Volkes, das solidarisch war mit der demokratischen Sache Chiles und mit all denen, die an irgendeinem Punkt der Welt sich zum Kampf um Freiheit und soziale Gerechtigkeit erhoben hatten. Das war kein Blendwerk, sondern Realität.

Darum überraschten uns die Enthüllungen von Gorbatschow über die Stagnation, zu der es in den

Jahren der Regierung Leonid Iljitsch Breshnews gekommen war. Es wurde deutlich, daß die offiziellen Berichte nicht immer die Wahrheit gesagt hatten. Schon bald sollten wir auch erfahren, daß wir des öfteren seitens der sowjetischen Partei ungenaue Nachrichten oder solche mit zweifelhaftem Wahrheitsgehalt bekommen hatten. Man teilte uns beispielsweise mit, daß der namhafte Physiker Andreij Sacharow, der nach der bekannten Stadt Gorki am Ufer der Wolga verbannt worden war, nicht ins Ausland reisen dürfe, weil er geheime Informationen über die Atomwaffen besitze. Das wurde durch die Tatsachen selber dementiert: Als Gorbatschow ihn freiließ, wurde Sacharow zum Deputierten gewählt, und die berüchtigten Geheimnisse spielten keine Rolle mehr. Wenn es sie wirklich gegeben hatte, so kannte sie der gedemütigte Wissenschaftler nicht oder er wußte sie zu hüten, trotz seiner Differenzen mit der Regierung Breshnews.

Wir hatten der Sowjetunion und ihrer Kommunistischen Partei blind vertraut.

Die Wirklichkeit hat uns brutal eines Besseren belehrt.

Der Sturz der sowjetischen Macht, der Zusammenbruch des realen Sozialismus in Europa und die Krise, die die kommunistische Bewegung erschüttert hat, all das ist das Ergebnis kleiner und großer Unzulänglichkeiten, Irrtümer, Fehler, die sich über Jahre angehäuft und von denen wir keine klare Kenntnis hatten. Es bedeutet aber nicht das Scheitern und schon gar nicht das Ende des Sozialismus, sondern nur das Scheitern eines Typs des sozialistischen Regimes, das immer bürokratischer wurde, sich vom Volk entfernte und sein eigentliches Wesen preisgab. So schwer die schmerzliche Erfahrung und die Probleme zeitweise auch wiegen mögen, einst wird das als eine wichtige Lektion der Geschichte gelten.

Die Perestroika hatte einen schlechten Anfang

Der kubanische Botschafter in Moskau, Leonel Soto, rief mich an, um mich zu einem Gespräch mit dem Vizepräsidenten Carlos Rafael Rodríguez einzuladen. Es fand Anfang Mai 1985 in meiner Wohnung in der Bjezbosny Pereulok statt. Teil nahmen Leonel Soto und Volodia Teitelboim. Carlos Rafael war anläßlich der Feierlichkleiten zum vierzigsten Jahrestag des Sieges über Hitler-Deutschland in die sowjetische Hauptstadt gekommen. Er überbrachte - über den Wirtschaftswissenschaftler Hugo Fazio - eine Einladung Fidel Castros zur Teilnahme an der Lateinamerikanischen Konferenz über die Auslandsverschuldung, die Ende Mai in Havanna tagen sollte.

Die Auslandsverschuldung der Länder Lateinamerikas, genauer gesagt der Dritten Welt, war und ist ein Schlüsselproblem. Doch die Unterhaltung drehte sich nicht um dieses Thema, sondern um die Perestroika, die ihre ersten Schritte machte. Ihre Struktur war einen Monat zuvor, im April also, gebilligt worden, als Gorbatschow zum Generalsekretär der KPdSU ernannt wurde und seine ersten Gedanken über den notwendigen Wandel verkündete, den bereits Jurij Andropow in seiner kurzen Amtszeit angemahnt und in die Wege geleitet hatte. Andropow starb, und sein Nachfolger Konstantin Tschermenko richtete den Blick zurück und ließ die Dinge, wie sie zuvor gewesen waren.

Die Schwierigkeiten, die die Perestroika mit sich brachte, waren unvorstellbar. Bei manchen weckte sie

Angst, bei der Mehrzahl vom ersten Augenblick an Hoffnung und Sympathie.

In den Tagen unserer Zusammenkunft mit Carlos Rafael Rodríguez war das obligatorische Gesprächsthema die von der sowjetischen Regierung ergriffenen Maßnahmen gegen den Alkoholismus. Wodka, Kognak und alle übrigen alkoholischen Getränke wurden aus Erholungsheimen, Sanatorien und den beiden Hotels der Partei in Moskau entfernt. Das System hatte seine eigenen Sitten hervorgebracht. In jeder Fabrik, in jedem wichtigen Dienstleistungsbetrieb, jeder Institution, selbst in der Patricio-Lumumba-Universität standen dem Direktor diese Getränke sowie Kaffee und Tee zur Verfügung, um Gäste zu bewirten. Auch dies wurde mit einem Federstrich unterbunden. Der Verkauf von alkoholischen Getränken, nun zu höheren Preisen, war nur in bestimmten Lokalen und zu wenigen festgelegten Stunden am Nachmittag gestattet. All das weckte den Unmut der Bevölkerung, der Millionen und aber Millionen von sowjetischen Menschen, die es gewöhnt waren, Wodka, Kognak, Bier oder Wein zu trinken. Viele kritisierten die Maßnahmen, andere, inbesondere Frauen, verteidigten sie. Lange Schlangen bildeten sich vor den entsprechenden Läden, um diese Getränke zu ergattern.

In jenen Tagen wurde die Arbeit der Betriebsleiter kontrolliert. Etliche der Führungskader waren zur Arbeitszeit nicht an ihrem Platz, sondern in der Sauna oder anderswo, um Besorgungen zu erledigen. Die Bevölkerung sah mit Genugtuung diesen Angriff auf die Bürokratie und ihre Auswüchse.

Während unseres Gesprächs war uns, Carlos Rafael, Leonel, Volodia und mir, klar, daß das Alkoholproblem nicht auf administrativem Weg gelöst werden konnte. Es bedurfte viel Zeit, mehrerer Generationen, der Veränderungen in vielen Bereichen, bis es überwunden oder auf ein tolerierbares Maß reduziert worden wäre.

Welches Ergebnis hatte der Frontalangriff auf den Alkoholismus? Ganz am Anfang ging der Konsum zurück und infolgedessen die Zahl der Betrunkenen, sie fielen auf der Straße kaum noch auf. Zugleich aber sank, und zwar beträchtlich, die Rentabilität der Wodka und Liköre produzierenden Betriebe. Der Herstellungspreis einer Flasche Wodka betrug einen Rubel, verkauft wurde sie vor der Perestroika für fünf oder sechs Rubel. Ein lukratives Geschäft, mit dem es infolge der Restriktionen abwärts ging. Das förderte den Schwarzen Markt. Jederzeit nachts konnte man Taxifahrern begegnen, die ihre alkoholische Last zu hohen Preisen absetzten. Später gingen die Leute dazu über, »Samagon" zu brauen, hausgebrannten Schnaps, wozu sie selbergebastelte Apparaturen benutzten, die meist in der Küche oder im Bad standen. Als Ausgangsbasis diente Zucker. Die neue »Industrie« breitete sich so rasch aus, daß der Zucker knapp wurde und rationiert werden mußte. Die Republiken Moldawien, Armenien, Georgien und Aserbaidshan, in denen Wein und Kognak hergestellt wurde, mußten aufgrund des eingeschränkten Verkaufs hohe Verluste buchen. Zudem ordneten Funktionäre der mittleren Ebene, um auch etwas zu sagen zu haben, an, auf Tausenden und aber Tausenden Hektar Boden die Weinstöcke herauszureißen. Kurz, das Alkoholproblem wurde nicht gelöst, vielmehr entstanden weitere Probleme.

Ein Kommentator der »Prawda«, mit dem ich 1989 lange in Moskau sprach, äußerte sich sarkastisch über die gegen den Wodkakonsum ergriffenen Maßnahmen. Er nannte sie »die glänzendste Dummheit der Perestroika«.

Entsprechend ihrem ursprünglichen Programm sollte die Perestroika die Sowjetunion aus ihrer Stagnation reißen, die Kluft zwischen ihr und den wichtigsten kapitalistischen Ländern auf dem Gebiet des wissenschaftlich-technischen Fortschritts überwinden helfen und die sowjetische Gesellschaft in jeder Hinsicht demokratisieren.

»Perestroika« bedeutet Rekonstruktion, Reorganisation, Restrukturierung. Es ging also darum, das System von Grund auf zu erneuern, von dem seit Stalin errichteten sozialistischen Regime Abschied zu nehmen oder es umzugestalten.

Mit diesem Typus oder Modell des Sozialismus konnte es so nicht weitergehen, es wurde als statisch und bürokratisch eingeschätzt und von manchen auch als Kasernensozialismus bezeichnet. Dieses System hatte den revolutionären Elan der Massen und selbst der Partei geschmälert und bei großen Teilen der Bevölkerung Gleichgültigkeit, wenn nicht gar Ablehnung bewirkt. Die Stagnation der Sowjetunion in den letzten Jahren der Regierung Breshnew war die Folge. Veränderung war dringend geboten. Die Perestroika schien eine Antwort auf diese Notwendigkeit zu sein.

»Glasnost« begleitete die Perestroika. »Glasnost« bedeutet Transparenz, transparent machen, das heißt durchschaubar handeln, vor den Augen der Menschen, klar und offen, was die Freiheit der Kritik und der Meinungsäußerung einforderte. Zudem entstanden und entwickelten sich immer kraftvoller Strömungen und später Organisationen und Bewegungen als Ausdruck der Vielfältigkeit des Denkens, die in der sowjetischen Gesellschaft existierte, vom System aber nicht zur Kenntnis genommen und schon gar nicht toleriert wurde. Unter verschiedenen Namen begannen etliche dieser Organisationen wie politische Parteien aufzutreten und stellten damit de facto das Einparteiensystem in Frage.

Gorbatschow definierte die Perestroika als Revolution innerhalb der Revolution, die mehr Sozialismus und mehr Demokratie ermöglichen sollte. Nun, eine Revolution, eine Restrukturierung der Gesellschaft, eine so tiefgreifende Erneuerung, wie sie die Perestroika forderte, konnte kein gemütlicher Spaziergang sein, eine Idylle, ohne Konflikte unterschiedlichster Art. Im Gegenteil, sie mußte die Widersprüche im Innern der Gesellschaft aufdecken und offenlegen, wie es denn schon nach kurzer Zeit geschah. Offen zum Ausbruch kam auch die aufgestaute vielschichtige Unzufriedenheit eines Großteils der Bevölkerung und insbesondere der Republiken, die über keine echte Autonomie verfügten und der Zentralmacht, der Politik des »Befehlens und Herrschens« seitens der Hauptstadt der Union, unterworfen waren. Ein heftiger Kampf entbrannte zwischen dem Neuen und dem Alten, zwischen denen, die Veränderungen wollten, und denen, die sich an das Vergangene klammerten oder den Status quo befürworteten.

Als ich im Juli 1989 das letzte Mal in Moskau war, lagen die Widersprüche offen zutage. Es waren Tage erheblicher sozialer Unruhen. Die Bergleute im Donbekken und in Sibirien streikten. Unter anderem forderten sie ausreichend Seife. Was konnte notwendiger sein für die, die im Kohlebergbau arbeiteten? Auch Zigaretten waren knapp. Zigaretten und Seife! Das genügte, um die Menschen aufzubringen. Mein Dolmetscher, Alejandro, ein leidenschaftlicher Raucher, war wie alle Raucher sehr nervös. Nie sah ich ihn so glücklich wie an dem Tag, als ich ihm bei meiner Rückkehr aus der DDR, wo ich die Mauer hatte überqueren müssen, um in Berlin-West meinen Paß verlängern zu lassen, zwei

Päckchen Zigaretten schenkte. Natascha Diomina, die ich in Valparaíso kennengelernt hatte, wo sie am Chilenisch-sowjetischen Institut der Hafenstadt Russisch lehrte, besuchte uns oft im Hotel, wo Lily und ich wohnten. Sie nutzte die Gelegenheit, um mit unserem Einverständnis Seifenreste mit nach Hause zu nehmen.

Die Unzufriedenheit wuchs. Die Kriminalität nahm zu. In bestimmten Zeitungen wurden unterschiedlichste und befremdliche Meinungen geäußert. Einige behaupteten, unter Stalin sei alles besser gewesen; nicht Stalin trage die Schuld, sondern Lenin; die Wurzel des Übels sei, daß die Bolschewiken und das Volk, das mit ihnen marschierte, sich nicht mit der Februarrevolution zufriedengegeben, sondern sich in den Kopf gesetzt hatten, zum Sozialismus zu schreiten, und so auch noch die Oktoberrevolution durchgeführt hatten.

Während meines letzten Aufenthalts in der UdSSR wurde mir der Orden Roter Stern überreicht, eine Auszeichnung, die mir der Oberste Sowjet zu meinem siebzigsten Geburtstag verliehen hatte. In einer Feierstunde im Kreml übergab mir der Präsident des Nationalitätensowjets, Rafik Nischdanow, den Orden. Der Akt verlief in herzlicher Freundschaft und wurde mit einem Glas Sekt gekrönt und mit einem anschließenden Essen in dem Hotel, das die Partei unweit der Moskwa, in der Dimitrowa-Straße, hatte errichten lassen. Es war ein luxuriöses Hotel, in dem ich zum erstenmal untergebracht war. Gebaut worden war es, als Jurij Andropow, den alle sowjetischen Menschen in guter Erinnerung haben, Generalsekretär der Partei war. Man erzählte mir, daß Andropow zur feierlichen Eröffnung geladen war. Er schritt durch die Eingangstür, betrat die weite Empfangshalle, betrachtete die imposante breite Marmortreppe, die zum Zwischengeschoß führt, machte kehrt und ging davon.

In meiner Dankesrede erlaubte ich mir nicht nur, unsere entschiedene Unterstützung der Perestroika zuzusichern, sondern auch, meine ganz persönlichen Befürchtungen zu äußern, daß der Prozeß des Wandels scheitern könnte.

Das Abendessen verlief, wie in den Pressemitteilungen üblicherweise verlautbart wurde - diesmal freilich gab es kein Kommuniqué, und ich sage die reine Wahrheit -, in einer herzlichen und freundschaftlichen Atmosphäre. Anwesend waren von sowjetischer Seite der stellvertretende Leiter der Abteilung Internationale Politik der KPdSU, ein Funktionär, den ich nicht kannte und an dessen Namen ich mich nicht erinnere, unser alter Freund Michail Kudaschkin und Anatoli, der neue Verantwortliche für die Beziehungen zur Chilenischen Partei. Ich erachtete die Gelegenheit als günstig, die mich bedrängende Unruhe in Worte zu fassen. Ich nahm eine Reportage zum Anlaß, die ich tags zuvor im Fernsehen gesehen hatte: Die baltischen Republiken - Litauen, Estland, Letland - demonstrierten zeitgleich für ihre völlige Unabhängigkeit. Die Demonstration war überwältigend gewesen. Eine Menschenkette aus sich an den Händen haltenden Männern, Frauen, Alten, Jugendlichen und Kindern zog sich von einem Ende zum anderen dieser drei Länder. Ein Ereignis von dieser Größenordnung konnte nicht vertuscht oder verharmlost werden. Die Presse, das Fernsehen mußten darüber berichten, auch damit alle sowjetischen Menschen die Problematik kennenlernten. Doch meiner Meinung nach überschritt das sowjetische Fernsehen seine Informationspflichten. Sieht man einmal ab von den guten Kultursendungen, war für das Fernsehen gewöhnlich kennzeichnend die Routine, die mittelmäßige Kameraführung, die mangelhaften technischen Mittel, das Fehlen von Kreativität. Diesmal war es jedoch ganz anders. Alle Möglichkeiten wurden ausgeschöpft. Die Kameras richteten sich auf leidenschaftlich bewegte Gesichter, auf die Hände, die einander gefaßt hielten, auf die Kinder in ihrer typischen Haltung. Die Bilder sprachen für sich und stimulierten den Nationalismus. Der gehörte sicherlich zur Realität: Es war schon damals klar, daß die Unabhängigkeitsbestrebungen nicht erstickt werden konnten. Doch warum mußte das Fernsehen - das Fernsehen der ganzen Union - die Flammen noch schüren?

Die Medien entglitten den Händen der Partei. Das war eine weitere Konsequenz der Perestroika. Einige Presseorgane - Tageszeitungen, Wochenblätter, Zeitschriften - veröffentlichten Artikel aus der Feder antisowjetischer Freischärler, von Leuten, die auf eigene Faust und verantwortungslos ihre Geschütze abfeuerten. Verwirrung machte sich breit, ideologische Zersplitterung trat zutage. Gegen den Sozialismus gerichtete Elemente gingen zur Offensive über. Unter verschiedenen Namen waren Organisationen entstanden, die de facto neue politische Parteien waren. Eine von ihnen war die Demokratische Union, angeführt von Intellektuellen, die aus den unterschiedlichsten Gründen unzufrieden waren. Etliche ihrer Mitglieder waren Angehörige von Opfern Stalins, sie hatten eine Zeitung gegründet, »Die Freie Stimme«, die in Nowosibirsk mit Hilfe von Matrizen aus Frankreich gedruckt wurde. Mit dem Einparteiensystem war es tatsächlich zu Ende. Das war eigentlich kein Verlust; denn letztlich sollte sich im politischen Leben der Pluralismus der Ideen artikulieren. Schlecht war nur, daß die Kommunistische Partei keine führende Rolle mehr spielte oder zu spielen fähig war.

Alexander Jakowlew, Mitglied des Politbüros der KPdSU, legte Rechenschaft über diese Situation ab. Bei einer Versammlung von Mitgliedern der Partei und des lettischen Sowjets in Riga beklagte er, daß die Mehrzahl der Parteigruppen keine öffentlichen, allen zugänglichen, ehrlichen Diskussionen führten, und er kritisierte ihre Passivität, ihre Schwerfälligkeit, ihre politische Lethargie. »Oft beobachten wir«, sagte er, »daß Kommunisten, selbst führende Funktionäre, gar nicht wissen, wie sie angemessen mit den Leuten reden sollen. Oder sie haben es vergessen oder vielleicht nie gelernt.«

Eine Zeit später kam es in Chile zu einem Streik der im Gesundheitswesen Beschäftigten. Während der Diktatur gehörten das Gesundheits- und das Bildungswesen zu den Bereichen, die hintangesetzt und am meisten vernachlässigt worden waren. Streikführer Nummer eins war mein Genosse Humberto Cabrera. Er trat fast täglich im Fernsehen auf und berichtete in einer offenen Polemik mit dem verantwortlichen Minister, Doktor Jiménez, und mit dem Vorsitzenden der Gewerkschaft, dem Christdemokraten Juan Díaz, über den Verlauf des Konflikts. Cabrera mahnte leidenschaftlich und überzeugend eine spürbare Erhöhung der Gehälter an, während Jiménez und Díaz, trotz genauer Kenntnis der desolaten Lage im Gesundheitswesen, verlangten, die Forderungen zurückzuschrauben. Als ich die Berichterstattung verfolgte, erinnerte ich mich daran, was ich einige Jahre zuvor in Moskau erlebt hatte, und überlegte, wie sehr Kommunisten wie Humberto Cabrera in der Sowjetunion notgetan hätten, um den ideologischen und politischen Kampf auszulösen und auf diese Weise die Perestroika zu sichern. Die sowjetische Partei kämpfte nicht, zumindest merkte ich nichts davon.

Im Verlauf der Entwicklung wurde die Kommunistische Partei der Sowjetunion immer mehr aus ihrer zentralen Rolle verdrängt.

»Glasnost« war beileibe keine Transparenz mehr, keine Offenheit, die die politische Aktivität und das Handeln der Staatsführung begleitete. Die Feinde des Sozialismus hatten grünes Licht. Deshalb sagte ich während jenes Essens im Hotel Dimitrowa zu meinen sowjetischen Freunden: »Ich unterstütze die Perestroika uneingeschränkt, billige aber nicht die abwartende Haltung in Partei und Regierung gegenüber denen, die »Glasnost« mißbrauchen.«

Perestroika und Glasnost zerstoben sang- und klanglos.

Chrustschow, der erste Versuch

Chrustschow versuchte als erster, die sowjetische Gesellschaft zu demokratisieren. Verschiedene Initiativen wurden in die Praxis umgesetzt. Eine von ihnen sah die obligatorische Erneuerung der Führung von Partei, Staat und gesellschaftlichen Organisationen vor, das heißt, möglich war nur noch eine einmalige Wiederwahl. Auf diese Weise sollten die Ämter im Rotationsverfahren besetzt und der ständige Austausch der Führungskader garantiert werden. Diese Initiative hatte nicht lange Bestand. Als Gegenargument wurde angeführt, daß der obligatorische Wechsel dieses oder jenes Kolchosvorsitzenden, dieses oder jenes Vorsitzenden eines Dorfsowjets oder einer Parteiorganisation ineffektiv sei, wenn diese ihren Pflichten gewissenhaft nachkamen und mit der Unterstützung aller rechnen konnten. Die Idee wurde also wieder verworfen und damit die Konsolidierung des Apparates in Form einer bürokratischen Hülle festgeschrieben.

Nikita Chrustschow machte auch als erster auf die Verformungen aufmerksam, zu denen es beim Aufbau des Sozialismus gekommen war. Auf dem XX. Parteitag Anfang 1956 enthüllte er den Sumpf der Verbrechen und der Willkürakte während der Stalinära und entlarvte den Personenkult als eine dem Kommunismus fremde und ihn schädigende Praxis. Er äußerte nicht nur seine persönliche Meinung, sondern sprach im Namen der Millionen von Kommunisten und

Nicht-Kommunisten, die bereits damals - und schon Jahre zuvor - die zwingende Notwendigkeit erkannt hatten, Fehler zu korrigieren und Mängel zu beseitigen.

Stets waren die Kongresse der sowjetischen Partei öffentlich und allen zugänglich gewesen. Die Debatten wurden von Radio und Fernsehen direkt übertragen. Stets hatte es daneben geschlossene Sitzungen gegeben, also solche unter Ausschluß ausländischer Delegierter, in denen über die finanzielle Lage der Partei Rechenschaft abgelegt wurde und das Zentralkomitee sowie die Kontrollkommission und die Kader gewählt wurden. In der geschlossenen Sitzung des XX. Parteitages nun wurde das mitgeteilt, was später als »Geheimrede Chrustschows« bekannt wurde und in der dieser die von Stalin begangenen Verbrechen detailliert aufdeckte. Ich nahm als Delegierter der chilenischen Partei an diesem Kongreß teil. Kurz nach meiner Rückkehr nach Chile berichtete die Presse in Santiago, wie die in aller Welt, über die mysteriöse und bereits berüchtigte Rede. Vernommen hatten sie nur die sowjetischen Delegierten. Den Vertretern der sozialistischen Länder und den Generalsekretären der Kommunistischen Parteien Frankreichs und Italiens, Maurice Thorez und Palmiro Togliatti, war es gestattet gewesen, sie zu lesen. Wie sie an die Presse gelangt war, wird im Dunkel verborgen bleiben. Tatsache ist, daß die Bombe in Kopenhagen explodierte. In der dänischen Hauptstadt wurde die Geheimrede zuerst veröffentlicht.

Alle kommunistischen Parteien hatten Stalin mehr oder weniger in den Himmel gehoben und sich selber als marxistisch-leninistisch-stalinistisch bezeichnet. Die Enthüllung der unter seiner Herrschaft begangenen Verbrechen erschütterte ihre Reihen zutiefst. Eine notwendige Erschütterung, und es war gut, daß schon damals die im Schatten des Personenkults möglich gewesenen Greueltaten ans Tageslicht kamen.

Chrustschow hatte etwas Bäuerliches an sich, war impulsiv und prahlerisch gleichzeitig. Er hatte gute Beziehungen zu aller Welt, außer zu den Chinesen und zu den Kubanern während der sogenannten Kuba-Krise. Zudem hatte er zu dem Jugoslawien Titos ein gutes Verhältnis, das freilich nie wieder das Niveau erreichte, auf dem es vor jener Kampagne gewesen war, die sich gegen den Aufbau eines Sozialismus eigener Prägung in Jugoslawien richtete.

Während eines Urlaubs auf Jalta lud Chrustschow uns ausländische Kommunisten, die wir uns, ebenfalls im Urlaub, in der Nähe aufhielten, zum Essen ein. Anwesend war seine äußerst sympathische Frau, Nina Petrowna, die ihn stets begleitete - wie die Krupskaja Lenin begleitet hat und später Raisa Gorbatschow -, im Unterschied zu den meisten sowjetischen Führern, deren Frauen in der Öffentlichkeit nie zu sehen waren. Vor dem Essen widmeten wir uns dem Scheibenschießen. Alles war vorbereitet. Chrustschow begann als erster. Er griff zum Gewehr. In Sekundenabständen tauchten die Scheiben auf, beschrieben eine nach der anderen ihre kapriziöse Bahn. Der Schütze traf alle. Danach war Ulbricht dran, dann Kadar, Koslow und andere Persönlichkeiten. Sie waren im Krieg gewesen und konnten hervorragend zielen. Nur ein paar von uns hielten sich heraus. Ich wollte mich nicht blamieren. Ich fühlte mich klein und nahm mir vor, Zielschießen zu üben. Ich besorgte mir ein in Tula, der Stadt der Waffen und der Samoware, hergestelltes gutes russisches Gewehr. Fünfzehn Jahre lang trug ich es im Urlaub, den ich stets im Winter verbrachte, weil man sich in dieser Jahreszeit am besten erholen kann, bei mir, ohne ein guter Schütze zu werden. Ich schoß den einen oder anderen Vogel, doch nie im Flug.

Chrustschow machte eine Reihe Fehler. Er war eigensinnig und eigenwillig in vielerlei Hinsicht. Ohne gesicherte Grundlage verkündete er aller Welt, in kurzer Zeit schon werde der Sozialismus den Kapitalismus auf wirtschaftlichem Gebiet überflügelt haben. Seinen Rechenschaftsbericht auf dem XXII. Parteitag schloß er mit den Worten: »Die Kommunistische Partei der Sowjetunion erklärt feierlich, daß die nächste sowjetische Generation im Kommunismus leben wird.« Der war freilich so fern wie nie. Bei einer Gelegenheit sagte er leidenschaftlich: »Wir werden den Kapitalismus zu Grabe tragen.«

Er hatte auch seine Verdienste, sie waren so groß wie seine Fehler. Bis zum XX. Parteitag der KPdSU betrachtete man den Krieg als dem Kapitalismus wesenseigen, er begleitete ihn wie der Schatten den Körper, war also unvermeidlich. Es würde einen dritten Weltkrieg geben. Der Kalte Krieg war sein Vorbote. In seinem Rechenschaftsbericht auf jenem Parteitag nun erklärte Chrustschow, diese These sei überholt, und behauptete entschieden, daß es aufgrund des veränderten Kräfteverhältnisses in der Welt und aufgrund der Tatsache, daß die Atombombe die Erde in einen toten Planeten verwandeln kann, unumgänglich sei, den Erstschlag zu verhindern, und die friedliche Koexistenz zwischen Kapitalismus und Sozialismus ausgebaut werden müsse. Er hielt es auch für möglich, daß die Arbeiterklasse auf friedlichem Wege an die Macht gelangte, um den Sozialismus zu errichten.

In den ersten Jahren an der Spitze von Partei und Staat besaß Chrustschow große Popularität. Er verwirklichte ein soziales Programm, das die Erhöhung der Renten vorsah, den Wohnungsbau vorantrieb und andere Verbesserungen anstrebte. Für die Bauern wurden Maßnahmen beschlossen, um die landwirtschaftliche Produktion zu entwickeln und die Lebensbedingungen auf dem Land zu verbessern. Da die Bauern nicht einmal Personalausweise hatten, sorgte Chrustschow dafür, daß sie welche erhielten. Unzufriedenheit kam erst später auf, als das Recht der Bauern eingeschränkt wurde, kleine Parzellen Land individuell zu nutzen und eine bestimmte Anzahl Vieh privat zu halten. Diese Beschneidungen waren Teil einer eigenwilligen Politik gewesen, die - diese Illusion hatte man - den gesellschaftlichen Wandel auf dem Weg zum Kommunismus beschleunigen sollte. Ein Großteil der Stadtbevölkerung wandte sich gegen Chrustschow, als die Preise für Fleisch und Milchprodukte stiegen. Den Menschen wurde klar, daß die Prophezeiung ein Irrtum war, die Sowjetunion werde innerhalb weniger Jahre den Kapitalismus auf ökonomischem Gebiet überflügeln und selbst die Vereinigten Staaten weit hinter sich lassen.

Zu der erwähnten Oktoberkrise - Oktober 1962 - kam es, als die Nordamerikaner entdeckten, daß die Sowjets auf Kuba Raketen stationieren. Das war mit den Kubanern auf den Leninbergen, nahe der Lomonossow-Universität, vereinbart worden; an dem Gespräch hatten Raúl Castro, Ministerpräsident Kosigin, General Malinowski sowie der Amerikabeauftragte in der Abteilung Internationale Beziehungen der KPdSU, Witali Korjonow, teilgenommen. Die Raketenbasis sollte insgeheim errichtet werden. Sobald das geschehen wäre, würde sie ihre Präsenz kundtun: Man wollte die Vereinigten Staaten davon abbringen, einen neuerlichen Angriff gegen Kuba - wie im vergangenen Jahr in Playa Girón, von Nordamerika vorbereitet und finanziert - zu wagen. Gestützt auf Informationen ihrer Sicherheitsdienste, glaubten die Sowjets, daß die zahlreichen Palmen an der Stelle, wo die Abschußrampen errichtet werden sollten, es den nordamerikanischen

Flugzeugen unmöglich machen, von ihrer Höhe herab zu beobachten und zu fotografieren. Deshalb und auch, um keine Zeit zu verlieren und um Kosten zu sparen, stationierten sie die Raketen nicht unterirdisch. Doch mitten in der Krise veröffentlichten die Vereinigten Staaten Fotos von diesen Raketenbasen. Und der Aufschrei angesichts der »Gefahr« einer sowjetischen Aggression stieg gen Himmel. Überall in der Welt gab es Militärbasen, eine davon mit Misiles in der Türkei, an der Grenze zur Sowjetunion. Aber was für den einen erlaubt war, das war es für den anderen noch lange nicht. Das ist die Logik Washingtons. Dean Rusk sagte zu seinem Kollegen Andrej Gromyko: »Sie sind daran gewöhnt, von Misiles umgeben zu sein, wir nicht. Wir sind das erstemal mit dieser Bedrohung konfrontiert. Darum befinden wir uns in einer Art Schockzustand, den wir nicht überwinden können.« Als Gromyko in seinen Memoiren auch auf seine Unterhaltung mit Kennedy und Rusk zu sprechen kommt, zitiert er seltsamerweise diese Worte des Sekretärs des State Department nicht. Chrustschow freilich zitiert sie sehr wohl.

Der Skandal war ungeheuer, die ganze Welt fürchtete einen dritten Weltkrieg. Moskau verhandelte mit Washington, ohne sich zuvor mit Havanna zu verständigen, was zu Irritationen führte, die damals an die Öffentlichkeit drangen und zu Beginn 1992 detaillierter bekannt wurden, als die Briefe veröffentlicht wurden, die Fidel Castro und Nikita Chrustschow während der Oktoberkrise wechselten. Es handelt sich um drei Briefe von Castro und zwei von Chrustschow, die der kubanische Regierungschef publizierte, wahrscheinlich, nachdem er von der Herausgabe des dritten Bandes der Memoiren Chrustschows erfahren hatte, die 1990 auf der Grundlage von 100 Tonbandaufnahmen und 16 Kassetten zusammengestellt und erschienen waren und in denen der sowjetische Exregierungschef die wichtigsten Ereignisse seiner Epoche in Berichten, Erinnerungen und Einschätzungen festgehalten und sich bisweilen in einem für Kuba unangemessenen Ton zur Raketen--Krise geäußert hat. Fidel Castro hatte die fraglichen Briefe dem Schriftsteller Jean-Edern Hallier übergeben, als dieser Mitte 1990 fünf Tage lang Fidel Castro begleitete und anschließend eine umfangreiche Reportage schrieb: »Nachtgespräche mit Fidel«. In dem ersten Brief, den Fidel Castro am 26. Oktober an Chrustschow richtete, heißt es, daß er, nachdem er die Situation analysiert habe, zu dem Schluß gekommen sei, der nordamerikanische Angriff gegen Kuba sei nur noch eine Frage von 24 oder 27 Stunden und er werde wahrscheinlich aus der Luft geführt, in der Absicht, zuvor festgelegte Ziele zu zerstören. Auch rechne er mit einer, wenn auch weniger wahrscheinlichen, so doch möglichen, Invasion. »Ich weiß«, fügte er hinzu, »das würde einen hohen Einsatz von Kräften fordern und es wäre die widerwärtigste Form der Aggression, es auf diese Weise zu verhindern; aber wenn die zweite Hypothese sich bewahrheitet und die Imperialisten Kuba überfallen und besetzen, ist die Gefahr einer solchen aggressiven Politik für die Menschheit ungeheuer groß. Die Sowjetunion darf also niemals zulassen, daß es zu einer Situation kommt, da die Imperialisten in einem Atomkrieg den ersten Schlag gegen sie richten werden. Ich betone das, weil ich glaube, daß die Aggressivität der Imperialisten zunimmt und weil, wenn sie - wider alle internationalen Rechte und Gesetze - etwas so Brutales wie die Aggression gegen Kuba realisieren würden, dies der Moment wäre, mit einer solchen Bedrohung ein für allemal Schluß zu machen. Es wäre ein durchaus legitimer Akt der Verteidigung, so hart und schrecklich die Auswirkungen auch wären; eine andere Lösung gäbe es aber nicht. Lassen Sie uns dennoch bis zum letzten Moment an der Hoffnung festhalten, daß der Frieden gerettet werden wird, und lassen Sie uns mit allen uns zur Verfügung stehenden Mitteln dazu beitragen.« Chrustschow erwiderte mit einem gewichtigen Argument: John F. Kennedy habe ihm eine erste, positive Antwort auf den Vorschlag gegeben, die sowjetischen Raketen unter der Bedingung zurückzuziehen, daß er sich verpflichtete, nicht in Kuba einzufallen und auch seinen Verbündeten zu verbieten, solches zu tun. Aber sein Ton hatte etwas Patriarchalisches und Herabwürdigendes. »Wir möchten Ihnen empfehlen, sich nicht provozieren zu lassen.« Oder: »Wir möchten Ihnen den freundschaftlichen Rat geben«, Geduld zu haben. Es »versteht sich von selbst, daß im Falle einer Invasion auf jede nur denkbare Weise geantwortet werden muß, allerdings ohne daß man sich provozieren läßt«. Und nebenbei wirft er den Kubanern vor, mitten in der Krise »ein nordamerikanisches Flugzeug abgeschossen zu haben«, diesen Zwischenfall würden die Aggressoren für ihre Zwecke nutzen. Fidel schrieb einen zweiten Brief, daraufhin kam ein weiterer von Chrustschow und dann ein letzter von Fidel. Der Tatbestand ist klar: Die Raketen wurden zurückgezogen, ohne daß das mit den Kubanern abgesprochen worden war. Laut einem Telegramm der Agentur EFE (»La Epoca«, 23. Februar 1992) informierte Fidel Castro im vergangenen Monat während einer Konferenz in Havanna, an der Vertreter Rußlands, Kubas und der USA teilnahmen, darüber, »daß die nach Verhandlungen der damaligen Präsidenten der USA und der UdSSR, John F. Kennedy und Nikita Chrustschow, zurückgezogen wurden, ohne daß seine Regierung gefragt worden wäre, also ohne Zustimmung seiner Regierung«.

In jenen Tagen fand in Sofia ein Kongreß der Bulgarischen Kommunistischen Partei statt. Die lateinamerikanischen Delegierten versammelten sich eines Abends, um über das Geschehen zu sprechen, nicht anwesend waren Blas Roca und ich. Blas - ich kannte ihn aus den fernen Zeiten, da er Generalsekretär der Kommunistischen Partei und später der Sozialistischen Partei gewesen war - reagierte empfindlich wegen dieses Treffens hinter seinem Rücken, das heißt, eines Treffens ohne Kuba. Sein Zorn war Ausdruck der zwischen Moskau und Havanna entstandenen Irritationen, die ich nicht näher kannte. Einige Zeit danach reiste Mikojan auf die Insel der Freiheit, wie die Sowjets die Heimat José Martís und Fidel Castros nannten; er wollte die Meinungsverschiedenheiten aus der Welt schaffen und die Beziehungen zu den Kubanern verbessern. Sein Versuch war durchaus positiv zu bewerten. Doch völlig ausgeräumt wurden die Probleme erst unter Breshnew. Ich erfuhr davon, als ich Mitte 1965 zusammen mit den Abgeordneten Manuel Cantero und José Oyarce von Moskau aus nach Havanna flog; der Flug ist mir unvergeßlich. Der Kalte Krieg war auf einem Höhepunkt angelangt. Kein Land Westeuropas oder Afrikas gestattete den Aeroflotmaschinen die Zwischenlandung. Deshalb entschlossen sich die Sowjets zu Direktflügen: Sie starteten von ihrem Territorium im hohen Norden aus und überflogen dann internationale Lufträume und Gewässer. Wir gingen also in Murmansk an Bord, von da aus flogen wir mit einer TU 114, die sich aus einem hinter dem Passagierraum befindlichen Reservetank selber versorgte, nach Havanna, über Grönland, die kanadische Küste und die Vereinigten Staaten. Hauptgesprächsthema war das plötzliche Verschwinden Che Guevaras und der Staatsstreich, der vor nur drei Jahren den Führer der algerischen Unabhängigkeit, Ben Bella, gestürzt hatte. Bei unserer Begegnung debattierte Fidel mit uns über die Beziehungen zur Sowjetunion und fand anerkennende Worte für die zuvorkommende Behandlung Kubas seitens des neuen sowjetischen Staatsmannes, Breshnew. Nachdem die kubanischen Kommunisten auf dem zweiten Kongreß ihrer Partei im Dezember 1980 beschlossen hatten, das ganze Volk gegen jedwede neue imperialistische Aggression zu mobilisieren, ließ sich die sowjetische Führung unter Breshnew zu einer weiteren freundschaftlichen Geste herab: Sie verfügte die notwendige Unterstützung, um die Kubaner auszurüsten. Tschernenko, der auf dem Kongreß anwesend war, nahm das entsprechende Ersuchen Fidel Castros mit. Die positive Antwort erfolgte unmittelbar. Das erfuhr ich aus sicherer Quelle.

Zwei Staatsstreiche

Im Sommer 1989 weilte Gorbatschow auf Einladung von Präsident François Mitterand in Frankreich. Aus diesem Anlaß widmete die Zeitschrift »L'Express« der Sowjetunion unter dem wirkungsvollen Titel »Gorbatschow in Gefahr« eine Spezialnummer. Einer der Journalisten behauptete, die Perestroika sei aus drei Gründen gefährdet: »Die sowjetische Wirtschaft befindet sich am Rande des Abgrunds, die ethnischen Konflikte verschärfen sich, und der Konservatismus breitet sich nicht nur unter den 18 Millionen Bürokraten aus« (die Zahl bezieht sich auf die damaligen Mitglieder der KPdSU), »sondern mehr und mehr unter der gesamten Bevölkerung.«

Auf der Pressekonferenz am übernächsten Tag fragte der Korrespondent der englischen Zeitung »Daily Express« Gorbatschow ohne Umschweife, was aus »Perestroika«, aus »Glasnost«, aus dem »neuen Denken«, aus dem »gemeinsamen europäischen Haus«, das heißt aus den wesentlichen Postulaten Gorbatschows, würde, falls er sich aus irgendeinem Grund nicht mehr persönlich dafür engagieren könne.

»Worauf gründet sich Ihre Besorgnis? Haben Sie Kenntnis von meinem Gesundheitszustand oder dergleichen?« erkundigte sich der Befragte. In der Atmosphäre der Ungewißheit bezüglich des Erfolgs der Perestroika, die auf dieser Konferenz herrschte, betonte er dann, daß jede soziale Reform Gefahren ausgesetzt sei. Darum sei es ja so wichtig, daß einem die sozialen Prozesse nicht aus den Händen glitten.

Zwei Jahre später, im August 1991, entglitt die Perestroika den seinen.

Durch den von Janajew angeführten Putsch wird Gorbatschow für drei Tage entmachtet. Als er zurückkehrt, ist klar ersichtlich, daß er die Macht nicht mehr in Händen hat. Jelzin, der Präsident der Russischen Föderation, widersetzt sich dem Staatsstreich und geht mit gestärtkter Autorität hervor und leitet die Wende ein. Er unterbindet per Dekret die Aktivitäten der Kommunistischen Partei Rußlands, schließt die Redaktionen der »Prawda« und fünf weiterer Zeitungen und ergreift eine Reihe anderer Maßnahmen, die seine Kompetenz bei weitem übersteigen und eigentlich eine Bestätigung durch die Legislative erfordern. Gorbatschow protestiert gegen die Behauptung, alle Kommunisten seien in den Putsch von Janajew verwickelt gewesen, und bezeichnet es als Fehler, gegen die gesamte Partei zu Felde zu ziehen. Aber seine Argumente und Proteste verhallen ungehört. Jelzin verfolgt seinen Kurs, und Gorbatschow tritt den Rückzug an und verzichtet als erstes am 24. August auf das Amt des Generalsekretärs der Partei.

Eigentlich gab es in jenen Tagen nicht nur einen Putsch, sondern zwei oder, um ganz genau zu sein, einen Putschversuch oder einen gescheiterten Putsch unter Vizepräsident Janajew, und einen wirklichen Putsch, der von langer Hand vorbereitet worden war, einen Putsch gegen den Sozialismus unter Führung von Boris Jelzin. Die zahlreichen Beweise dafür, was sich dies in jenem August in der Sowjetunion ereignet hat, liegen offen zutage. Der eindeutigste Beleg ist das Verbot der Kommunistischen Partei: In jedem anderen Land wäre das ein harter Schlag gewesen, um wieviel mehr in dem Land, wo diese Partei die erste siegreiche sozialistische Revolution anführte, 74 Jahre lang an der Macht war und durch Artikel 6 der Verfassung die führende Rolle in Gesellschaft und Staat zugesprochen bekommen hatte.

Die von transnationalen Konzernen manipulierten Medien stellten die Dinge so dar, als sei das Ganze ein Kampf zwischen Befürwortern und Gegnern der Wende gewesen, zwischen Orthodoxen und Reformern, zwischen Totalitären und Demokraten, und sie verkauften die Behauptung, daß Janajew schlichtweg einen Staatsstreich durchgeführt habe, um die Perestroika zu beenden. Die Regierungschefs der großen kapitalistischen Länder unterstützten diese Version und äußerten die Befürchtung, daß die Reformen, die Gorbatschow eingeleitet hatte, nun scheitern könnten. Und nicht wenige Demokraten, Kommunisten eingeschlossen, fielen darauf herein.

Nachdem mehr als ein Jahr seit diesen Ereignissen verstrichen ist, kann man besser verstehen, was die verschiedenen Kräfte darstellten und beabsichtigten. Obwohl nach dem Putsch Janajews offenkundig geworden war, daß es konservative Kräfte gibt, war das erklärte Ziel ihrer maßgeblichen Vertreter doch ein ganz anderes. Wie der KGB-Chef Wladimir Krjutschkow, der in den Putsch verwickelt war, sagte, sei es vor allem der verzweifelte Schrei derer gewesen, die, von unterschiedlichen Positionen her, die Sowjetuniuon retten wollten; während der Sieg Jelzins den Triumph derer bedeutete, die den Zerfall und den Kollaps des Sozialismus betrieben.

Der, freilich gescheiterte, Putsch war angekündigt worden.

Das erstemal, September 1989, in der »Prawda«, durch einen umfangreichen Artikel des Philosophieprofessors N. Michailow unter der vielsagenden Überschrift: »Ist heute ein Oktober ›64 möglich?« Im Oktober 1964 wurde Nikita Chrustschow abgesetzt, an seine Stelle trat Leonid Breshnew, dessen rechte Hand Michail Suslow war. Gemeinsam überzeugten sie die Mehrheit des Zentralkomitees von der Notwendigkeit, Chrustschow seines Amtes zu entheben. Unterstützt wurden sie vom Verteidigungsminister, Marschall Malinowski, und vom Vorsitzenden des KGB, Semitschastny. Im August 1991 versuchte man, den Initiator der Perestroika auf die gleiche Weise loszuwerden. Aber eine Wiederholung ist nie gut gewesen. Armee und KGB waren nicht mehr dieselben. Ebensowenig waren es die Partei und die sowjetische Gesellschaft nach sechs Jahren Perestroika und Glasnost. Von Einigkeit und Disziplin, einst charakteristisch, war nichts mehr zu spüren. (Ich stelle das nur fest; ich will nicht die Art gutheißen, in der diese Werte durchgesetzt worden waren.) 1989 brachen die Konflikte zwischen Nationen und Ethnien offen aus und griffen auf das ganze sowjetische Territorium über.

Man hatte mir damals Michailows Artikel in Moskau vorgelesen. Er trug, so schien mir, dazu bei, die von der Perestroika angestrebte Umgestaltung mit Mißtrauen zu beobachten, und das in einem Augenblick, da es dringend geboten war, im Kampf um die Veränderungen unter der Führung der Partei zusammenzustehen. Ich habe den Artikel aufbewahrt; beim neuerlichen Lesen merke ich, daß Professor Michailow unter die Oberfläche gesehen hatte. »Meines Erachtens stärkt die aktive Teilnahme der Massen die Hoffnung, daß ein Putsch, wie er 1964 möglich war, sich nicht wiederholt. Heute hätten die Verschwörer größte Schwierigkeiten, im Namen des Volkes oder für das Volk zu sprechen und zu handeln. Die Zeiten haben sich geändert, das Volk ist nicht mehr dasselbe. Heutzutage gibt es auch Kräfte, die jederzeit bereit sind, demagogisch Unzufriedenheit unter den Massen zu schüren und dann die Lösung aller Probleme zu versprechen. Wer verbirgt sich dahinter? Rechte? Linke? Ich denke, entscheidend ist heute nicht, wie sie sich selber bezeichnen. Denn es ist durchaus möglich, daß jene, die zu einem Zeitpunkt die Fahne der Demokratie schwenken, zu einem späteren Zeitpunkt nach der ›harten Hand‹ schreien und dies mit der entstandenen Situation rechtfertigen. Das gab es in der Geschichte schon oft.«

Das zweitemal kündigte er sich im Dezember 1990 an. Eduard Schewardnadse trat zurück, weil ihm der Reformprozeß zu schleppend voranging; dramatisch verkündete er, daß die Konservativen oder »Betonköpfe« einen Putsch planten, um die Perestroika ein für allemal zunichte zu machen.

Die dritte warnende Stimme war Jakowlew. »El Mercurio« veröffentlichte am 17. August ein Telegramm der AFP, datiert vom Vortag in Moskau. Darin wird berichtet, daß Alexander Jakowlew in der »Iswestija« ein Kommuniqué publiziert habe, in dem es heißt, man entferne sich von der KPdSU und bereite »einen sozialen Racheakt und einen Staatsstreich« vor. »Ich möchte die Gesellschaft darüber aufklären, daß sich ein einflußreiches stalinistisches Grüppchen im Herzen der Partei gebildet hat, das gegen die seit 1985 angestrebten politischen Reformen zu Felde zieht. Trotz ihrer offiziellen Erklärungen drängt die Parteiführung den demokratischen Flügel zurück und plant einen gesellschaftlichen Racheakt, einen Staatsstreich und die nachfolgende Übernahme der Macht.«

Noch sind Untersuchung und Auswertung der Ereignisse vom August 1991 nicht abgeschlossen. Bis heute liegt vieles im Dunkel. Die Transparenz, »Glasnost«, offiziell von niemand als gescheitert erklärt, ist dabei überhaupt nicht zum Tragen gekommen.

Es gibt im Umfeld des Putsches vom 19. August mehrere Unbekannte. Die illegal erscheinende Zeitschrift »Molnja« veröffentlichte im darauffolgenden September eine umfassende Reportage über die Rätsel. »Rätsel gibt es ... ehrlich gesagt, ich selber verstehe nicht alles«, sagte der damalige Verteidigungsminister E. Schaposhnikow. Der Abgeordnete Suchow sagte am 26. August vor dem Obersten Sowjet: »Was an der Oberfläche wie ein Putsch aussieht, scheint mir seinem Wesen nach etwas ganz anderes zu sein. Es war eine Verschwörung gegen unser sozialistisches Regime, eine Verschwörung des Präsidenten und einer Gruppe von Abenteurern.« Die Stimmen, die Gorbatschow selber zu den Drahtziehern zählten, waren so laut, daß dieser sich veranlaßt sah zu antworten. »Ich sehe mich gezwungen«, betont er in dem eigens diesem Geschehen gewidmeten Buch »Der Putsch«, »den Spekulationen über meine Rolle während dieser Zeit entschieden entgegenzutreten.«

Warum haben Janajew und die anderen sieben, die mit ihm das Notstandskomitee bildeten, sowie jene, die, sowohl in der Partei wie in der Regierung, in der Armee und im KGB, hinter ihnen standen, keine jener entschiedenen Maßnahmen getroffen, die einen Staatsstreich immer und überall auf der Welt begleiten, beispielsweise Verhaftung von Leuten, zeitweilige Kontrolle der Medien, Entsendung von Militär zu den neuralgischsten Punkten der sowjetischen Hauptstadt und anderer Städte?

In die Verschwörung verwickelt waren einige Mitglieder des Politbüros, der Verteidigungsminister und der KGB-Chef, Leute, die durchaus in der Lage waren, die Situation einzuschätzen, Alternativen zu erwägen und entsprechend zu handeln. Dennoch wirkt der Putsch wie das Werk von Dilettanten, die versucht haben, die Ereignisse vom Oktober 1964 einfach zu wiederholen. Und sie zogen nicht die durch Perestroika und Glasnost eingetretenen Veränderungen in Betracht und schon gar nicht die Tatsache, daß die sowjetische Gesellschaft eine andere geworden war und daß keine der staatlichen und gesellschaftlichen Organisationen nur einem einzigen Befehl gehorche.

Weltweit zeigte das Fernsehen Bilder von der Reaktion der Moskauer Bevölkerung auf den Putsch. Eine echte Massenbewegung für oder gegen die Putschisten gab es überhaupt nicht. Nur einige Tausend gingen auf die Straße, um gegen sie zu protestieren. Das war für die Zehn-Millionen-Stadt fast nichts. Die meisten Menschen blieben zu Hause.

Den Ausgang des Putsches entschieden die wenigen, die gegen ihn auftraten, sowie Jelzin mit seiner entschlossenen und kühnen Haltung und die Spaltung, zu der es in der Armee und im KGB sofort kam. General Pawel Gratschew weigerte sich, seine Truppen nach Moskau zu schicken, und die Gruppe Alfa des KGB widersetzte sich dem Befehl, das Parlament zu stürmen. Gewicht besaß auch die Forderung der Weltöffentlichkeit, Gorbatschow wieder in sein Amt einzusetzen. Der nordamerikanische Präsident, George Bush, verlangte, Gorbatschow die Macht zurückzugeben, und drohte, jegliche ökonomische Unterstützung einzustellen, »falls weiterhin verfassungswidrige Methoden angewendet werden«. John Mayor, der britische Premier, kündigte an, das mit der UdSSR vereinbarte Abkommen über technische Hilfe in Höhe von 80 Millionen Dollar zu annullieren, und die Exministerpräsidentin Margaret Thatcher rief die sowjetischen Menschen auf, zur Verteidigung Gorbatschows auf die Straße zu gehen, und bat die

Regierung ihres Landes und die NATO, den Vertrag über die Reduzierung der Ausgaben für die Verteidigung auszusetzen, falls der sowjetische Präsident gestürzt würde. François Mitterand forderte dazu auf, Leben und Freiheit von Gorbatschow und Jelzin zu schonen, und drohte ebenfalls, jede europäische Hilfe einzustellen; und Kanzler Helmut Kohl machte den Ausbau der Unterstützung für Moskau abhängig »von der Zusage der neuen sowjetischen Führung, die politischen und ökonomischen Reformen weiterzuführen, die Menschenrechte sowie den Frieden in der Welt zu bewahren«. Papst Johannes Paul II. gab seiner Besorgnis über die Absetzung Gorbatschows Ausdruck: »... sie gefährdet die von ihm eingeleitete Politik der Abrüstung und der Reformen.«

Wer hätte je gedacht, daß so etwas geschehen könnte? Das sowjetische Regime hatte im Laufe seiner Geschichte die schwersten Schläge überstanden. Das sowjetische Volk hatte für die Verteidigung und die Stärkung des Sozialismus die härtesten Opfer gebracht und im Krieg wie im Frieden ehrenwerte Taten vollbracht. Die Solidität des Systems schien in den Augen der ganzen Welt unantastbar zu sein, die KPdSU unzerstörbar, und der Name Lenins wurde im ganzen Land verehrt.

In jenen Tagen starb die Perestroika. Niemand erklärte sie für tot, aber es sprach auch niemand mehr von ihr. Die baltischen Republiken erklärten ihre Unabhängigkeit, die von der russischen Regierung, vom Kreml und von den kapitalistischen Ländern anerkannt wurde. Die zentrifugalen Tendenzen verstärkten sich in der Ukraine, in Moldawien, in der Kaukasusregion. Das multinationale Land, das im Dezember 1918 als Union der Sozialistischen Sowjetrepubliken geboren worden war, hieß ab sofort Union Souveräner Staaten und wenig später Gemeinschaft Unabhängiger

Staaten. Es kam zu Veränderungen in der Struktur der Zentralmacht. Zwei Männer, Gorbatschow und Jelzin, regierten gemeinsam und rangen zugleich um die Macht: Jener besaß höheres Ansehen im Ausland als im Inneren der Union; dieser jedoch setzte sich auf der ganzen Linie durch.

Die Perestroika war Anfang 1985 entstanden und hatte einen Prozeß eingeleitet, der das sowjetische Land erneuern und modernisieren sollte. Sechs Jahre danach verschwand sie, zusammen mit dem ersten sozialistischen Land der Erde.

Ein Koloß auf tönernen Füßen

Der Zusammenbruch des Sozialismus in der Sowjetunion und in den Ländern Osteuropas ist das überraschendste Ereignis des 20. Jahrhunderts. Die Sowjetunion war eine der beiden weltweit anerkannten Supermächte gewesen. Die Armeen aus 14 Ländern hatten sie kurz nach ihrer Entstehung nicht in Blut ertränken können und ebensowenig die mächtigen Heere Hitlers, die im Zweiten Weltkrieg über sie hergefallen waren. Und dann plötzlich bröckelt sie, bricht sie zusammen wie ein Koloß auf tönernen Füßen. Das Gebäude stürzt in sich zusammen wie ein schlecht gebautes Haus, erschüttert von der Erdbewegung, der es nicht standhält. Mehr noch, vor den bestürzten Augen der ganzen Welt zerstört sie sich selber.

Angesichts der tiefgreifenden Veränderungen nach dem gescheiterten Putsch Genadi Janajews erinnert »Le Monde Diplomatique« in der ersten Dezemberwoche 1991 an die berühmte Reportage von John Reed über die Sozialistische Oktoberrevolution, »Zehn Tage, die die Welt erschütterten«: 1917 brauchte es zehn Tage, um die ganze Erde zu erschüttern, nun hatten drei Tage genügt, die drei Tage des Putsches.

Vielleicht wurde das sowjetische Regime zu dem Zeitpunkt zum Tode verurteilt, genauer gesagt, als Gorbatschow für einige Tage abgesetzt wurde oder als Jelzin einen Panzer bestieg, um zu der Zivilbevölkerung und zu den Soldaten zu sprechen, die sich vor dem Gebäude der Russischen Föderation versammelt hatten, und er von da an tatsächlich die Nummer eins war? Oder als das fatale Verbot der Kommunistischen Partei per Dekret verordnet wird? Oder am 8. Dezember, als die Präsidenten Rußlands, der Ukraine und Bjelorußlands beschließen, anstelle der Union der Sozialistischen Sowjetrepubliken die Gemeinschaft unabhängiger Staaten zu bilden? Oder am 24. Dezember, als Gorbatschow seinen Verzicht auf das bereits nicht mehr existierende Amt des Präsidenten der Union erklärt? Oder als mit Billigung des Kremls die Berliner Mauer fällt? Oder bereits als Gorbatschow die Perestroika in Angriff nimmt? Oder, noch weiter zurück, als der Mann mit der gefleckten Stirn Generalsekretär der Sowjetischen Kommunistischen Partei wird? Fragen über Fragen ...

Seit dem 19. August 1991, dem Tag, an dem Janajew und seine Anhänger verkündeten, sie wollten anstelle von Michail Gorbatschow, der auf der Krim weilte, die Macht übernehmen, überstürzten sich die Ereignisse, die die UdSSR an den Rand des Abgrunds führten und sich in das Gedächtnis von Millionen und aber Millionen Menschen der ganzen Erde eingruben. Die Zerstörung von Lenin-Denkmalen, das Hissen dreifarbiger Fahnen aus zaristischer Zeit statt der roten Fahne mit Hammer und Sichel und gelbem Stern, das zeitweilige Verbot der »Prawda« und anderer Zeitungen, das Schließen der Räume der Kommunistischen Partei und ihre nachfolgende Auflösung, die Änderung des Namens Leningrad, bezeichnen neben vielen anderen Geschehnissen jener Tage markante Facetten des erschreckenden Wandels - mit weitreichenden Konsequenzen für die ganze Welt -, der sich damals in der Gesellschaft dieses riesigen multikulturellen Landes, der Sowjetunion, vollzog.

Wie konnte sie zugrunde gehen, als sie am stärksten oder mächtigsten war oder sich als solches wähnte?

Gesellschaftliche Veränderungen, egal, in welche Richtung, vollziehen sich über längere Zeiträume hin, und es gibt mehrere Ursachen dafür. Im Falle der Sowjetunion gab es viele Faktoren, die zu ihrer Selbstzerstörung führten.

Trotz der Deformationen und Verfälschungen während des Prozesses der Errichtung des Sozialismus, trotz der Verbrechen Stalins und der begangenen Fehler und Greueltaten werden in der Waagschale der Geschichte vor allem die großen Verdienste der Sowjetunion liegen: die unvergleichliche Heldentat, das Volk im Verlaufe eines Menschenalters aus der Zurückgebliebenheit und Dunkelheit herausgeführt zu haben, die Tatsache, daß es möglich ist, eine Gesellschaft ohne Ausbeutung und Ausgebeutete aufzubauen, die Ermutigung, die ihre bloße Existenz für den Befreiungskampf der kolonialen und halbkolonialen Völker bedeutete, ihr segensreicher Einfluß für die Völker auf ihrem Weg hin zur Anerkennung der ökonomischen und sozialen Rechte der Arbeiter, im Kampf für den Frieden und die Freundschaft unter den Völkern. Stets anerkannt werden wird das Heldentum ihres Volkes und ihrer Armee, die den Mythos von der Unbesiegbarkeit der Hitler-Horden zerstörten, deren Vormarsch stoppten, sie bis in die deutsche Hauptstadt verfolgten und sie vernichteten und die danach zurückkehrten, um die eigene Wirtschaft wiederaufzubauen, ihre verwüsteten Dörfer und Städte wiederzuerrichten, beim Wiederaufbau der Länder Mittel- und Osteuropas mitzuhelfen, riesige Wasserkraftwerke und Schwerindustrieanlagen und anderes in China, Indien, Ägypten und in einem Großteil der afrikanischen und der arabischen Länder zu errichten, und, nicht zuletzt, um die ersten künstlichen Satelliten sowie den ersten Menschen in den Kosmos zu schikken.

Die sowjetische Macht brach ruhmlos zusammen, was die Trauer all derer vertiefte, die sie geschätzt hatten. Sie verteidigte sich nicht, sie vermochte es nicht, oder sie verstand es nicht. Sie fiel in sich zusammen wie ein Kartenhaus. Manche erklären das mit den ungeheuren Ausgaben, zu denen sie gezwungen war, um im Rüstungswettlauf mit den Vereinigten Staaten und ihren Verbündeten Schritt halten zu können und um mitzuhelfen, den Sozialismus in etwa zehn Ländern aufzubauen sowie in zahllosen Ländern Asiens, Afrikas und Lateinamerikas unabhängige Wirtschaften zu entwickeln.

Es ist klar, daß das Funktionieren einer mächtigen modernen Kriegsindustrie, eines atomaren Potentials, das den Imperialismus und beachtliche bewaffnete Kräfte in Schach hielt, sowie die Hilfe für andere Völker ungeheure finanzielle Mittel beanspruchten, die ausgereicht hätten, um die Produktion und die Produktivität und damit den Wohlstand des Volkes entscheidend zu erhöhen. Aber konnte sie auf diese Ausgaben verzichten? Manche sind der Meinung, die Kriegsgefahr sei übertrieben worden, die Rüstungsspirale hätte gestoppt werden müssen, oder sie hätte wenigstens nicht über das notwendige Maß hinaus weiter gedreht werden dürfen. Beweise dafür gibt es nicht. Im Gegenteil, die Geschichte der Gegenwart ist voller überzeugender Beispiele, die den seinem Wesen nach aggressiven Charakter des Imperialismus belegen. Es ist also unerläßliche Pflicht der Revolutionäre, vor allem auf ihre eigene Kraft zu vertrauen und alle verfügbaren Mittel zu nutzen, um das Erreichte zu verteidigen.

Wie sollte denn die Hilfe der Sowjetunion für andere Länder gewertet werden, da diese doch Teil ihrer selbstverständlichen revolutionären Pflichten war, mit deren Erfüllung sie die moralische und politische Stütze vergalt, die man ihr selber in kritischsten Momenten gewährt hatte, und da sie dadurch auch ihre Sympathie und ihr Prestige in aller Welt verstärkte? Klar ist, daß der Sozialismus nicht ohne Opfer und schon gar nicht in den engen Grenzen des nationalen Egoismus aufgebaut werden kann. Die wahren Gründe für den Zusammenbruch müssen woanders liegen.

Einer der Hauptverantwortlichen für das Scheitern, Joseph Stalin, erinnerte gelegentlich daran, daß Anteo, sooft er mit Herkules kämpfte, darauf bedacht war, sich nicht von seiner Mutter, Gea, der Göttin der Erde, zu trennen, denn die Verbindung mit ihr gab ihm die Kraft; er wurde in ebendem Moment besiegt, als sein Gegner ihn hochhob und in der Luft bekämpfte. Das ist genau das, was jetzt geschehen ist. Die Kommunistische Partei und die sowjetische Macht haben sich von den Massen entfernt und sind zerschlagen worden.

Darüber werden wir noch sprechen.

Die Wurzeln des Übels

Wer trägt die Verantwortung für das Scheitern? Manche schrieben sie diesen oder jenen Menschen zu, Stalin, Breshnew, Gorbatschow, sogar Lenin. Andere geben der Ideologie die Schuld, dem Kommunismus, der bewiesen habe, daß er die Probleme der Völker, der Menschen nicht zu lösen vermag.

Versuchen wir eine erste Erklärung.

Das erstemal reiste ich in die Sowjetunion nach dem XV. Parteitag der Kommunistischen Partei Chiles und nach meiner Entbindung vom Amt des Generalsekretärs; von Moskau aus wollte ich legal nach Chile zurückkehren, das ich sechs Jahre zuvor illegal betreten hatte. Die Perestroika war schon vier Jahre alt, und das große sowjetische Land wurde von heftigen Widersprüchen geschüttelt. Die Gegner der Perestroika boten auf, was Gorbatschow »Bremsmechanismen« nannte, zugleich waren entschlossene Kräfte am Werk, die Veränderungen jenseits des Sozialismus anstrebten und nationalistische und separatistische Tendenzen, vor allem im Baltikum, ungestüm schürten.

Ich führte intensive Gespräche mit Freunden und Bekannten aus verschiedensten Schichten und Berufen, mit Professoren der Parteihochschule, mit Funktionären der Abteilung Internationale Beziehungen der KPdSU, mit Journalisten, mit chilenischen Staatsangehörigen. Jeder von ihnen interpretierte die Geschehnisse auf seine ganz eigene Weise. Alle Einschätzungen, auch die abwegigsten, verband ich mit meinen persönlichen Überlegungen, und das erleichterte es mir, mich den Ursachen für den Kollaps der Sowjetmacht anzunähern. Meine Gesprächspartner äußerten übereinsdtimmend einen entscheidenden Gedanken, daß man nämlich, um zu begreifen, was geschehen war, das historische Umfeld beachten müsse, in dem die Sowjetunion entstand und sich entwickelte: angefangen bei der Tatsache, daß das zaristische Rußland die Demokratie nicht kannte, also keine demokratische Tradition besaß. Im zaristischen Rußland hatte immer Despotismus geherrscht, und wenn sich wirklich einmal demokratische Institutionen herausbildeten, so entwickelten sie sich kaum.

Die Sowjetmacht nun entstand als eine demokratische Macht, als Diktatur der Mehrheit über die Minderheit, als eine qualitativ höhere Demokratie als die, die man im Westen kennt, wo eine Minderheit über eine Mehrheit herrscht, im allgemeinen mit ausgeklügelten Methoden, um die Menschen hinters Licht zu führen. »Sowjet« bedeutet »Rat«; und die ersten Sowjets wurden von Repräsentanten der Arbeiter, Bauern, Soldaten und Matrosen gebildet und bezogen bald auch andere Schichten der Bevölkerung ein. Zum erstenmal in der Geschichte ging es darum, eine Demokratie zu schaffen, wie Lincoln sie konzipiert hatte: Regierung des Volkes - durch das Volk und für das Volk. Anatole France gab offen seiner Bewunderung für Lenin Ausdruck, »weil er zum erstenmal versucht hat, die vom Volk ausgehende Macht dem Volk zugute kommen zu lassen«.

In diesem Sinne äußerte sich auch unser Luis Emilio Recabarren, als er die Russische Revolution von 1917 begrüßte: »... der entstandene, neue Staat ist das machtvollste Bollwerk der wahren Demokratie, der Demokratie des rechtschaffenen und fleißigen Volkes.« (»Adelante«, Talcahuano, 7. Februar 1918)

Aber die sowjetische Demokratie entwickelte sich nicht weiter. Zwar gab es auch Perioden, in denen Fortschritte zu verzeichnen waren. Gesagt werden muß jedoch, daß sie sich allmählich zurückbildete, daß es zu verhängnisvollen Rückschritten kam, daß aus der vorübergehenden Diktatur eine dauerhafte wurde, freilich mit der Besonderheit, daß sie nicht mehr eigentlich die Diktatur des Proletariats war, der Mehrheit über die Minderheit, sondern die Diktatur einer Minderheit, einer Machtbürokratie.

Dieses Phänomen hat unterschiedliche Ursachen.

Die sowjetische Demokratie mußte gleich zu Beginn die Konterrevolution unter Führung der Generäle Koltschak und Denikin bekämpfen sowie die ausländische militärische Intervention - Englands, der Vereinigten Staaten, Japans und Frankreichs, denen sich weitere zehn europäische Staaten anschlossen. Das war die »Kampagne der 14 Staaten«, derer sich Winston Churchill, der damalige britische Kriegsminister, rühmte. Zu einem bestimmten Zeitpunkt hatten sich die Konterrevolutionäre und Interventen eines Großteils Sibiriens, Turkestans, Aserbaidshans, des Donezbeckens, der baltischen Staaten bemächtigt. Von seinen wichtigsten Ressourcen abgeschnitten, litt das russische Volk Hunger und Kälte. Das rationierte Brot - 50 Gramm pro Person - konnte nicht mal täglich verteilt werden. Die sowjetische Macht stellte sich entschlossen gegen die Schwierigkeiten. Im Kampfgetümmel wurde die alte Armee reorganisiert; die meisten Soldaten hatten sich inzwischen der Revolution angeschlossen. Tausende und aber Tausende Kommunisten und parteilose Arbeiter wurden in ihre Reihen und Kommandos aufgenommen. Errichtet werden mußte, was unter dem Namen »Kriegskommunismus« bekannt wurde: Jeder war zur Arbeit verpflichtet, auch die Bourgeoisie. Um den millionenfachen Hungertod zu verhindern, wurde das System der »Kontingentierung« eingeführt, das heißt die Bauern mußten einen Teil ihrer Ernte an den Staat abliefern. Ohne diese Maßnahmen, ohne die Diktatur des Proletariats hätte die Revolution nicht siegen, hätte weder der Widerstand der Reaktion gebrochen noch die imperialistische Intervention niedergeschlagen werden können. Das sind unumstößliche Tatsachen.

Das Scheitern der Konterrevolutionäre und Interventen in den Jahren 1918/20 bedeutete nicht, daß der Imperialismus von da an sein Ziel, den sozialistischen Staat zu beseitigen, aufgegeben hätte. Vielmehr galt dieser Absicht hinfort verstärkt sein Bemühen. Ein Ring wurde um die Sowjetunion geschlossen. Zwischen Ostsee und Schwarzem Meer entstand das, was seinerzeit »Sanitärgürtel« genannt wurde, größtenteils gebildet von Ländern, die zum ehemaligen zaristischen Reich gehört hatten. Der sowjetische Staat wurde von nur wenigen Ländern anerkannt, unter ihnen natürlich keines vom amerikanischen Kontinent, ausgenommen Mexiko. Er wurde nicht Mitglied des Völkerbundes, der unmittelbar nach dem Ersten Weltkrieg gegründet worden war und seinen Sitz in Genf hatten; sondern wurde erst 1933 aufgenommen.

Die Gefahr eines Zweiten Weltkrieges zog zu Beginn der dreißiger Jahre herauf, massiv 1933, als der Hitlerfaschismus in Deutschland an die Macht kam. Hitler verkündete seine tödliche Feindschaft gegenüber dem Kommunismus und dem Judentum. Er unterzeichnete mit Japan und mit Mussolinis Italien den Antikomintern-Pakt, was einer Kriegserklärung an die Sowjetunion gleichkam. Sein Antikommunismus war gewissermaßen ein Nebelschleier, hinter dem er seine Weltmachtgelüste und seinen Haß gegen jegliche Demokratie zu verbergen suchte. Angesichts der Kriegsgefahr entwickelte die Sowjetunion ihre Kriegsindustrie, rüstete sie ihre militärischen Kräfte, um die Verteidigung sicherzustellen. Gleichzeitig bemühte sie sich um eine Verständigung mit den westlichen Ländern, insbesondere mit England und Frankreich. Vergebens. Der Krieg brach am 1. September 1939 aus. Zwanzig Monate und einundzwanzig Tage lang stand die UdSSR aufgrund des von Molotow und Ribbentrop unterzeichnerten Nichtangriffspakts außerhalb des Konflikts. Doch am 22. Juni 1941 überfielen die deutschen Truppen die UdSSR, nachdem sie ganz Westeuropa besetzt hatten. Das sowjetische Volk erhob sich zur Verteidigung seines Landes und des Sozialismus. Die Deutschen eroberten die baltischen Länder, Bjelorußland, die Ukraine, den Kaukasus, drangen bis zu den Toren Moskaus und Leningrads vor und im Süden bis an die Ufer der Wolga. Der Sowjetunion gelang es schließlich, den Aggressor aufzuhalten, zurückzuschlagen und bis in die deutsche Hauptstadt hinein zu verfolgen. Die Rote Armee vernichtete mehr als 600 Divisionen des faschistischen Blocks. An der Ostfront verlor Hitler 75 Prozent des ihm zur Verfügung stehenden Kriegsmaterials. Franklin Delano Rossevelt erklärte damals: »... die Rote Armee und das russische Volk haben die Hitlertruppen gezwungen, den Weg zu gehen, der zu ihrem endgültigen Untergang führte ... Sie haben in der Geschichte des Kampfes gegen Tyrannei und Unterdrükkung unauslöschliche Seiten geschrieben.« Der Befehlshaber der westlichen Truppen in Europa, General Eisenhower, schrieb in seinen Memoiren: »... die Russen haben den größten Anteil an der Kapitulation der Nazis.« Dieser entscheidende Beitrag zum Sieg der Anti-Hitler-Koalition kostete die Sowjetunion mehr als 20 Millionen Menschenleben, die völlige oder teilweise Zerstörung von 1710 Städten und Ortschaften, von

70 000 Dörfern, von 32 000 Industriebetrieben, von 65 000 Kilometern Schienennetz, von 100 000 Kolchosen und Sowchosen und von 3 000 Maschinen- und Traktorenstationen. Während des Kampfes verlor sie fast 30 Prozent ihres Territoriums. Solch ungeheuerliche Verluste bedeuteten für den Aufbau der sozialistischen Gesellschaft einen fatalen Rückschlag.

Die Freundschaft, die sich, im Krieg gegen Hitler, unter den wichtigsten westlichen Ländern, England, den Vereinigten Staaten, Frankreich auf der einen Seite und der Sowjetunion auf der anderen Seite, herausbildete, bewährte sich nur kurze Zeit. Der Zweite Weltkrieg endete am 8. Mai 1945. Im März des darauffolgenden Jahres hielt Winston Churchill in Fulton eine Rede, in der er sich gegen die Sowjets wandte und vom »Eisernen Vorhang« sprach, der Europa teilte. Das Zentrum der Reaktion in der Welt verlagerte sich unter Leitung von Harry Truman und seinem Außenminister Foster Dulles von Berlin nach Washington. Die Vereinigten Staaten standen hinfort an der Spitze eines neuen, antisowjetischen Kreuzzuges und initiierten den Kalten Krieg, der zur gigantischen Aufrüstung führte und die Welt in die atomare Katastrophe zu stürzen drohte. Und gerade in den Jahren sah sich die Sowjetunion vor die schwere Aufgabe gestellt, ihre Wirtschaft und ihre vom Krieg verwüsteten Städte und Dörfer wiederaufzubauen, ein Problem, das die Vereinigten Staaten nie kennengelernt haben, auf deren Territorium, abgesehen von der fernen Insel Pearl Harbour, kein einziger Schuß gefallen war.

Das ist das historische Umfeld, in dem sich die Sowjetunion entwickelte. In diesem Umfeld erlitt die sozialistische Entwicklung auf ökonomischem Gebiet Rückschläge, konnte die sowjetische Demokratie nicht gedeihen. Negativ wirkte sich aus, daß es keine wirklichen demokratischen Traditionen gab und daß diese unter den vom Feind diktierten Bedingungen gar nicht möglich waren. Solche Traditionen gab es auch in den übrigen sozialistischen Ländern Europas nicht, die Tschechoslowakei ausgenommen.

Daraus darf nicht abgeleitet werden, daß das Scheitern des Ideals der sozialistischen Demokratie in der Sowjetunion nur auf äußere Ursachen zurückzuführen wäre, die mit den Protagonisten der Revolution und des sozialistischen Aufbaus nichts zu tun haben. Auf gar keinen Fall. Die Konterrevolution und die Intervention zu Beginn, später die drohende Kriegsgefahr und dann der Krieg - und danach der Kalte Krieg -, die ständige Umzingelung und Feindseligkeit seitens des Imperialismus, das alles schuf die Grundlage dafür, die Macht zu zentralisieren, die Freiheit zu beschneiden und die feindlichen Agenten dauernd zu überwachen. Ja, es war unerläßlich, notwendig, eine Pflicht. Aber die Umsetzung dieser Politik ließ innerhalb der Führungsschicht eine Kriegsmentalität und ein Klima allgemeinen Mißtrauens entstehen, was dazu führte, daß man überall Feinde des Sozialismus witterte. Vor allem, aber nicht nur, während der Ära Stalins. Die negativsten Züge seiner Persönlichkeit, Züge, auf die schon Lenin hingewiesen hatte, offenbarten sich in seinem Verhalten, im Mißbrauch der Macht, im Absolutismus, im Begehen schrecklichster Verbrechen.

Der allgegenwärtige Personenkult

In der Hymne von Eugène Poitiers, »Die Internationale«, die auch von den Russen gesungen wird, heißt es, daß das Volk nichts von seinen Herren zu erwarten hat, nichts von Göttern oder Tribunen, sondern alles nur von seiner eigenen erlösenden Kraft.

Das entspricht den Gedanken von Marx und Engels, daß die Arbeiter sich nur selber befreien können. Doch alle erzieherische Arbeit der Kommunistischen Partei Lenins konnte nicht bewirken, daß die Völker, der Sowjetunion von dieser Wahrheit durchdrungen wurden. Weiterhin, und zwar in beträchtlichem Maße hatte der Glaube Gewicht, daß ihr Schicksal in den Händen derer da oben liege.

Das Volk war vor der Revolution tief religiös gewesen. Es glaubte an Gott und an »Väterchen Zar«. In der russischen Geschichte wird, als etwas Herausragendes, das die Kraft dieses Glaubens bestätigt, erzählt, was in Sankt Petersburg in den ersten Tagen des Jahres 1905 geschah. Es herrschten Unzufriedenheit und Unruhe. Der Pope Gapon nutzte die Gelegenheit und organisierte in provokatorischer Absicht eine Arbeiterdemonstration, die zum Zarenpalast ziehen sollte. Der Zar, so versicherte der Kirchenmann, würde sich die Forderungen der Arbeiter anhören und darüber nachdenken. Die Bolschewiken verteilten Flugblätter unter den Arbeitern und deren Familien, um sie davon abzuhalten, dem Zaren mit Bitten oder Forderungen zu kommen, das heißt vor ihm zu knien, vielmehr sollten sie diesen Erzfeind vom Thron stürzen. »Befreien«, so lautete ein Flugblatt, »können sich die Arbeiter nur selber; weder vom Zaren noch von den Pfaffen ist Befreiung zu erwarten.« Die Mehrheit der Bevölkerung schenkte diesem Aufruf keine Beachtung. Etwa 140 000 Arbeiter beteiligten sich dennoch an der von Gapon organisierten Demonstration. Es kam zu einem entsetzlichen Massaker, 1 000 Arbeiter starben, 5 000 wurden verletzt. Dies ereignete sich am Sonntag, dem 9. Januar 1905, es war der sogenannte »Blutsonntag« in der russischen Geschichte. Lenin schrieb über das Geschehen. Er betonte, diese Erfahrung habe die revolutionäre Erziehung der Arbeiter im Verlaufe eines Tages in einem Maße vorangebracht, wie es Monate und Jahre des Alltagslebens unter dem zaristischen Joch nicht geschafft hätten.

Tausende und aber Tausende von Arbeitern lernten ihre Lektion. Aber das Volk blieb trotzdem seiner Gewohnheit treu, den obersten Landesvater, damals den Zaren, zu verehren. Diese Gewohnheit dauerte fort, auch nach der Revolution von 1917.

Alle Völker haben die Tendenz, Zeiten des Wohlstands als Werk der Person oder der Personen zu betrachten, die die Staatsgeschäfte führen, ihnen aber genauso auch alle Mißstände anzulasten. Von daher das abergläubische Vertrauen in prominente Menschen, der Glaube, daß herausragende Persönlichkeiten, Autoritäten anstehende Probleme lösen werden. Von daher auch der Personenkult. Die Offenlegung dieses Kultes auf dem XX. Parteitag der KPdSU fiel nicht ins Leere, aber sie tilgte nicht vollständig die Neigung, die Führungsspitze der Partei und des Staates zu vergöttern. Der Kult des jeweiligen Staatsmannes begleitete die Jahre der Sowjetmacht, was immer dagegen geschrieben und gesagt werden mochte und obwohl die Sowjetunion aus einer Revolution hervorgegangen war, in der zwar ein Mann, Lenin, an der Spitze stand, entscheidend jedoch die Massen waren, also das ganze Volk.

Wir chilenischen Kommunisten bewunderten Stalin. Wir sahen in ihm einen Giganten im Kampf für den Sozialismus und einen bedeutenden Führer im Krieg gegen den Faschismus. Wir sprachen voller Überzeugung vom Marxismus-Leninismus-Stalinismus. Ich selber eingeschlossen. Mir gefiel der klare, knappe, präzise Stil seiner Schriften. »Die Geschichte der Bolschewistischen Partei«, geschrieben in seinem ganz eigenen Duktus, und »Fragen des Leninismus«, ein Kompendium der wichtigsten theoretischen und politischen Arbeiten, waren für uns jahrelang unverzichtbare Lektüre. Nie jedoch verfielen wir in Lobhudelei, nie verehrten wir ihn wie einen Gott, nie verwandelten wir ihn in einen Fetisch.

In Georgien, Stalins Geburtsland, kam es zu den absurdesten und groteskesten Auswüchsen des Personenkultes. Das enthüllt ein Artikel von Nikolai Andrejew in einer Nummer der »Iswestija« von Juni 1991. Andrejew erzählt: »Hier einige Wendungen, mit denen ein Untertan seinem Souverän Treue gelobt: ›Ich bin ein Sklave, ein Diener, ein Kämpfer ... und ich bin stolz darauf ...‹

Der Untertan spricht allen die Vernunft ab, die seine Begeisterung nicht teilen. Er sagt: ›Sie verstehen nicht, sie fühlen nicht, sie sehen nicht den Zauber, der der Treue innewohnt.‹

Der Untertan spricht von seinem Souverän mit vor Bewunderung zitternder Stimme: ›... er kam als außergewöhnliches Wesen auf diese Welt; Zwiad Gamsajurdia muß Georgien zur wahren Freiheit hinführen ... Ich glaube, die Vorsehung hat ihn erwählt; das ist die Mission, zu der er durch Herkunft, Abstammung auserkoren ist und in deren Dienst er sein Handeln, sein ganzes Leben stellt...‹

Das stammt«, so berichtet Andrejewe in der »Iswestija« weiter, »aus dem Georgien unserer Tage. Der Souverän, das war der Präsident dieser Republik, und der Untertan, der ›Sklave, Diener‹ und so weiter, der damalige Kulturminister, Nodar Tsuleiskiri. Die zitierten Passagen sind dessen Artikel, ›Nacktes Schwert‹, entnommen, erschienen in der Zeitschrift ›Freies Georgien'. Seit langem«, fügt Andrejew hinzu, »hatte ich nicht eine so elogentriefende, kriecherische Presse gelesen wie auf meiner Reise nach Tbilissi. In Fernsehen und Rundfunk war es nicht viel anders. Die Medien scheinen zu wetteifern, Zwiad Gamsajurdia zu preisen und seine politischen Gegner bloßzustellen und anzuprangern. Ich könnte das mit zahllosen Zitaten belegen ...

Gut, und was tut unterdessen der Gegenstand solcher Lobhudelei? Könnte es sein, daß es ihm ein wenig unangenehm ist, in solch übertriebenem Maße verherrlicht zu werden? Sosehr er auch wünschte, dem ein Ende zu setzen, vermag er dies nicht, so sagt er zumindest. Eines Tages formulierte er das so: ›Wie kann ich dem Volk verbieten, mich zu preisen, wenn ihm das Freude macht?‹ ...«

Ich habe das so ausführlich zitiert, weil es ein deutlicher Beweis für eine bittere Wahrheit ist, ein beredter und überzeugender Beweis für diese Mentalität, die den Kult der Personen in hohen Ämtern pflegt. In diesem Fall ist der Vergötterte Gamsajurdia, übrigens auch Schriftsteller und guter Dichter. Er war Gegner von Breshnew, saß im Gefängnis und wurde im Zuge der Perestroika freigelassen. Er strebte nach der Macht, stellte seine eigene Miliz auf und ließ sich mit überwältigender Mehrheit zum Präsidenten Georgiens wählen. Als er die Macht in Händen hatte, verwandelte er sich zum schlimmsten Diktator. Kurze Zeit später explodierte die Unzufriedenheit des Volkes, und er wurde gestürzt.

Das russische Volk und die meisten zur UdSSR gehörenden Völker huldigten dem Personenkult vom Beginn der Sowjetmacht bis zu ihrem Ende, wenn auch nicht in dem Maße wie die Georgier und ihr Kulturminister Nodar Tsuleiskiri. In dieser oder jener Form, der Personenkult ist immer eine negative Erscheinung.

An die Stelle der Regierung Gamsajurdia trat ein Staatsrat unter Führung von Eduard Schewardnadse. Ich war sein Gast, als er zu Zeiten Breshnews Sekretär der Partei Georgiens und Regierungschef in Tbilissi war. Ich hielt mich damals, zehn Monate nach meiner Entlassung aus den Kerkern Pinochets, am Schwarzen Meer, in Pizunda, auf und erholte mich von einer doppelseitigen Lungenentzündung, die ich mir infolge des Klimawechsels während verschiedener Reisen zugezogen hatte. Pizunda gehört zu Georgien, deshalb erachtete es Schewardnadse als seine Pflicht, mich nach Tbilissi, der Hauptstadt seines Landes, einzuladen. Ich nahm die Einladung an und äußerte den Wunsch, die Reise per Bahn zu machen. Und - wie groß war meine Überraschung, als mir ein ganzer Zug geschickt wurde.

In Georgien wurde ich mit Aufmerksamkeiten und Ehrungen überhäuft, aber mehr als mir galten sie dem, was ich in jenem Augenblick repräsentierte.

Schewardnadse ist ein intelligenter Mann mit angenehmen Umgangsformen. Seine Wortmeldungen auf den Kongressen der KPdSU bestachen durch die inhaltlichen Aspekte und dadurch, daß die Dinge originell und vehement zur Sprache gebracht wurden. Zum letztenmal sah ich ihn am 8. Mai 1985 im Kreml.

Er stand anläßlich der Feierlichkeiten zum 40. Jahrestag des Sieges über den Faschismus neben Gorbatschow. Die Begrüßung war herzlich. Jedoch verblaßte sein Bild in dem Maße, wie er als Berater von Gorbatschow immer mehr Positionen aufgab; großen Anteil hat er am Auseinanderfallen der Sowjetunion und am Zusammenbruch des Sozialismus. Als er bereits Regierungschef in Georgien war, erklärt er sehr stolz: »Ich habe mich verändert. Auch Picasso hat sich verändert. Warum sollten wir Politiker uns nicht verändern wie die Künstler? Picasso hatte seine verschiedenen Perioden und andere Maler die ihren. Ich gebe zu, daß ich Fehler gemacht habe und manchmal ungerecht gewesen bin. Was also tun? Bis zuletzt so weitermachen? Alle verändern wir uns im Leben.«

Das stimmt. Leben ist Bewegung und Wandel, und der Mensch kann nicht statisch und unwandelbar sein.

Aber erstrebenswert wäre es, sich im Sinne des Fortschritts zu verändern.

Drei Staatsoberhäupter

Natürlich trägt jeder Mensch seine eigene Verantwortung. Stalin vor allem ist schuld an den Verformungen der sowjetischen Macht. In einer ersten Etappe des sozialistischen Aufbaus und in der Zeit des Großen Vaterländischen Krieges spielte er eine positive Rolle. Aber unter seiner Führung änderte sich der Charakter der Sowjetmacht, hörte sie auf, demokratisch zu sein; die schlimmsten Verbrechen wurden begangen.

Der Kult der Person Stalins überschritt jedes vernünftige Maß. Genannt wurde er: »der Mann aus Stahl«, »der Bolschewik aus Granit«, »der Leninist aus Bronze«, »der Soldat aus Eisen«, »das Universalgenie«, »der geliebte Stalin«. Mit Freude erfüllte ihn, daß zahllose Städte seinen Namen trugen: Stalino, Stalinski, Stalingrad, Stalinissi, Stalinogorsk, Stalinsk, Stalin-Spitze.

Auch außerhalb der Sowjetunion hatte er seine Bewunderer. Millionen aufrichtiger und berühmter Menschen, unter ihnen Bernard Shaw, Pablo Picasso, Henry Barbusse und unser Pablo Neruda, priesen seinen Namen. Er faszinierte den Nordamerikaner Joseph Davies, 1937/38 Botschafter beim Kreml und Verfasser des Buches »Mission in Moskau«. Einige idealisierten ihn. Die deutsche Schriftstellerin Anna Seghers behauptete, er sei sensibel für die Meinung und den Gemütszustand der Massen, und sagte wörtlich: »Stalin spürt fast, wie das Gras wächst.« Die Wahrheit war eine ganz andere. Eingeschlossen im

Kreml, ohne den ständigen lebendigen Kontakt mit dem Volk, wie Lenin ihn hatte, vernahm er nur die offiziellen Informationen und die Stimme der Zuträger im Palast.

Er hegte Argwohn gegen alle und alles. Dieses krankhafte Mißtrauen brachte ihn dazu, sich vieler leitender Männer in Partei, Staat und Armee zu entledigen, in deren Schatten er stand oder die sich dadurch von ihm abhoben, daß sie ihre eigenen Positionen und Argumente vertraten. Daher die Razzien. Wie der Historiker Hugh Seton-Watson darlegt, machte Stalin reinen Tisch mit zwei Dritteln des Zentralkomitees der Partei, mit der Hälfte der Offiziere in der Armee - vom Kommandanten bis hinauf zu höheren Dienstgraden - und mit den meisten Personen, die in Regierung und Industrie Ämter innehatten.

Stalin suchte sein Verhalten theoretisch zu rechtfertigen. Er berief sich darauf, daß der Aufbau des Sozialismus notwendigerweise die Klassengegensätze immer mehr verschärft und daß zudem die Partei dadurch gestärkt wird, wenn man sie von opportunistischen Elementen säubert. »Nachdem die Feinde des Volkes vernichtet und die Organisationen der Partei und der Sowjets von Dissidenten gesäubert waren, wurde die Partei monolithischer, auch in ihrer politischen und organisatorischen Arbeit«, sagte er feierlich in seinem Bericht vor dem XVIII. Parteitag der KPdSU im März 1939. Als diese Worte gesprochen waren - nachzulesen in »Fragen des Leninismus«, Seite 700 -, erhoben sich alle Delegierten und riefen: »Bravo, Genosse Stalin! Es lebe Genosse Stalin! Es lebe das Zentralkomitee unserer Partei! Bravo!« Der Gedanke Stalins, daß der Klassenkampf sich verschärfe, je weiter der Aufbau des Sozialismus voranschreite, stimmte nicht mit dem Grundsatz überein, daß im Prozeß besagten Aufbaus die aus der Leitung des Staates verdrängten Klassen Grundlage und Kraft verlieren und daß schließlich eine Gesellschaft ohne antagonistisch sich gegenüberstehende Klassen entsteht.

Während der Ära Stalin, die 30 Jahre dauerte, von 1924 bis 1953, herrschte ein Regime offener Diktatur. Man darf und soll nicht vergessen, daß der Imperialismus, zumal in jener Zeit, seine Agenten hatte, die inmitten der sowjetischen Gesellschaft und des sowjetischen Staates ihr Unwesen trieben und dadurch die Wühlarbeit des Feindes noch unterstützten. Doch das rechtfertigt überhaupt nicht das gnadenlose Verbrechen, das auch das Leben nicht weniger unbescholtener Bürger vernichtete. Stalin sah überall Feinde, selbst in der Spitze der Partei. Meinungsverschiedenheiten zogen Mißtrauen, Verfolgung, unbegründete Anschuldigungen nach sich. Am Ende stand die Säuberung, die sogar Mord einschloß. Ein gänzlich abwegiges Verhalten.

Dennoch bewahrt ihm ein großer Teil des Volkes eine Wertschätzung, man würdigt seine Rolle im Krieg und seine hartnäckigen Bemühungen, die Sowjetunion in eine sozialistische Großmacht zu verwandeln. In »El Mercurio« vom 15. September 1991 lesen wir in einem Artikel von Juan Ignacio Brito: »Zu diesem Zweck arbeitete er einen Plan der Kollektivierung der Landwirtschaft und der Entwicklung der Industrie aus, den der britische Historiker Paul Johnson in seinem Buch ›Moderne Zeiten‹ eine gigantische Umsetzung gesellschaftlichen Erfindergeistes nannte.«

Die letzten Angriffe gegen Stalin während der Perestroika kommentierte ein alter Moskauer Freund: »Wir Russen verehren gern bestimmte Menschen, solange sie leben, sobald sie tot sind, verabscheuen wir sie.«

In gewissem Sinne widerfuhr dies auch Breshnew.

Obwohl der Personenkult offiziell als etwas verurteilt wurde, was mit dem Kommunismus unvereinbar ist, gab es ihn auch nach dem XX. Parteitag der KPdSU weiterhin gegenüber Menschen, die, unabhängig von Kompetenz und Fähigkeit, verantwortliche Ämter innehatten. Dieses Phänomen trat zur Zeit von Chrustschow auf und vor allem in der Zeit von Breshnew, der 1964 Generalsekretär der Partei wurde. In den ersten sechs Jahren sah man ihn und die ihn umgebende Führungsgruppe in allen Bereichen engagiert und gemeinsam handeln. Damals konnte die sowjetische Wirtschaft bedeutende Erfolge verzeichnen, und das große sozialistische Land festigte seine Positionen in der internationalen Arena. Entschlossen und wirksam unterstützte es das vietnamesische Volk, Opfer des aggressiven nordamerikanischen Imperialismus, und arbeitete eng mit den afrikanischen Ländern zusammen, insbesondere mit Angola, Äthiopien und Mozambique, die den Weg der Unabhängigkeit und der fortschrittlichen Entwicklung eingeschlagen hatten. Es war darauf bedacht, Beziehungen zu den lateinamerikanischen Staaten aufzunehmen und auszubauen. Die Regierungen von Breshnew und Eduardo Frei Montalvo nahmen die diplomatischen Beziehungen zwischen Moskau und Santiago wieder auf, die 1947 abgebrochen worden waren.

Als Breshnew zum Generalsekretär der Partei ernannt wurde, war er 58 Jahre alt und strahlte Vitalität, Energie und geistige Regsamkeit aus. Er alterte in dem Amt, das er bis zu seinem Tod bekleidete. Schon seit einigen Jahren konnte er nur mühsam laufen und sprechen. Man verstand fast nicht, was er sagte. Wenn er auf der Tribüne des Roten Platzes oder des Kreml-Palastes stand und den Menschen zuwinkte, hob er die Hand kaum bis in Höhe der Brust. Das waren Spätfolgen des Krieges, wo ihn Kugeln getroffen hatten, die seine motorischen Fähigkeiten einschränkten. All das war verständlich. Schwer zu verstehen ist freilich, warum man ihn in dem Amt beließ und warum man ihn weiterhin ehrte und würdigte, als wären der XX. Parteitag der KPdSU und seine eigenen Worte der Verurteilung des Personenkults ungehört verhallt.

Auch wir nahmen an diesen Zeremonien teil. Wenn wir in Moskau waren, forderte uns die Abteilung Internationale Beziehungen der KPdSU am 18. Dezember, seinem Geburtstag, stets auf zur Gratulation, und vor allem aus Höflichkeit schlossen wir uns den Herren des Hauses an.

In den siebziger Jahren, während der Amtszeit Breshnews, erlitt die Sowjetunion ernsthafte Rückschläge auf dem Gebiet der Beherrschung und Anwendung neuester Technologien, und das forcierte entscheidend die Krise des Systems, den Auseinanderfall des Vielvölkerstaats und den Zusammenbruch der Sowjetmacht. Deshalb die scharfe Kritik Michail Gorbatschows an den Jahren der Stagnation und deshalb auch die einhellige Verurteilung Breshnews seitens der Russen und die Vielzahl von Witzen und Karikaturen. Bei einem Spaziergang durch die Arbat-Straße, die während der Perestroika zu einer Messe des Kunsthandwerks und des Kleinsthandels wurde, entdeckte ich ihn 1989 als kleine Keramikfigur auf einem Nachttopf.

Zu Breshnews Zeiten gestalteten sich die Beziehungen zwischen der Chilenischen Kommunistischen Partei und der KPdSU immer enger. Beweis für das erreichte hohe Niveau waren die Besuche von Andrej Pawlowitsch Kirilenko, Mitglied des Sekretariats und des Politibüros des Zentralkomitees der KPdSU. Der erste fand anläßlich unseres XIII. Kongresses im Oktober 1965 statt und der zweite anläßlich des 50. Jahrestages der Gründung unserer Partei im Januar 1972. Nie zuvor war ein so hoher Staatsmann in ein lateinamerikanisches Land - Kuba ausgenommen - gereist. Zu unserem XIV. Kongreß, Ende 1969, kam nach Santiago eine weitere hochrangige sowjetische Delegation unter Führung des Mitglieds des Politbüros Solomenz, der, im Unterschied zu Kirilenko, weder damals noch später das geringste Interesse zeigte für die demokratische Volksbewegung in Chile, die bereits zu dem Zeitpunkt die Aufmerksamkeit vieler Menschen in der ganzen Welt auf sich zog.

Etliche Male sprach ich mit Breshnew, einmal im Beisein der Führer der Sozialisten Hernán del Canto und Mac Ginty.

Als ich Ende 1976 nach Moskau kam, begrüßte mich Breshnew auf einem von den Medien viel beachteten Empfang. Die Bilder dieser Begegnung wurden im Fernsehen der Sowjetunion und vieler anderer Länder übertragen. Der sowjetische Staatsmann wirkte glücklich, weinte vor Freude.

Ich war aus dem Konzentrationslager Tres Alamos entlassen worden, nachdem Moskau den Vorschlag Pinochets akzeptiert hatte, mich im Austausch mit einem der politischen Gefangenen, Wladimir Bukowski, freizulassen. Das Abkommen wurde in Washington ausgehandelt und vom chilenischen Botschafter Manuel Trucco und dem sowjetischen Botschaftsrat Juri M. Woronzow unterzeichnet. Als Vermittler waren anwesend Harry Schlaudeman, stellvertretender Sekretär der Abteilung Lateinamerikanische Angelegenheiten, und William Hyland, oberster Repräsentant des Rates für Sicherheit der Vereinigten Staaten.

Zum Austausch selber kam es am 17. Dezember auf dem Züricher Flughafen. Am Fuße der Gangway der Lufthansa-Maschine, mit der wir geflogen waren, erwartete uns eine Gruppe Sowjets, an ihrer Spitze

Michail Kudashkin aus dem Sektor Lateinamerika der Abteilung für Internationale Verbindungen beim Zentralkomitee der KPdSU, der Botschafter der Vereinigten Staaten in der Schweiz, Mr. Nathanael Davies, der zuvor das gleiche Amt in Santiago de Chile innehatte, und Abelardo Silva Davison, Vertreter unseres Landes bei den Vereinten Nationen mit Sitz in Genf. Bukowski war bereits im Lande, aber an einem anderen Ort. Unmittelbar darauf bestiegen wir eine zweimotorige Sondermaschine Richtung Minsk. Die Nachricht von meiner Entlassung aus dem Gefängnis und meiner Ankunft auf sowjetischem Territorium verbreitete Moskau weder an diesem Tag noch am darauffolgenden. Natürlich war sie im Westen bekannt und machte in der sowjetischen Hauptstadt unter den Journalisten und in diplomatischen Kreisen die Runde. Sicher war, daß ich Zürich mit Ziel Sowjetunion verlassen hatte. Aber wo war ich? Man spekulierte über meinen Aufenthaltsort. Manche meinten, ich sei auf ärztlichen Rat hin im Sanatorium Barbija, in der Nähe von Moskau. Eine Journalistin aus der DDR kam nach Moskau und interviewte meine Töchter Viviana und María Victoria, die seit Anfang des Jahres hier weilten. Im Verlaufe des Interviews wurde der Journalistin klar, daß sie gar nicht informiert waren, und teilte ihnen nun ihrerseits die Nachricht mit. Der 70. Geburtstag von Leonid Iljitsch Breshnew wurde gefeiert, ein Ereignis allerersten Ranges. Erst am Ende der Feierlichkeiten wurde bekanntgegeben, daß ich in Freiheit und in der Sowjetunion gelandet sei. In der DDR war die Nachricht schon vorher bekannt, kurz nachdem sie auf der anderen Seite publik geworden war. In den sowjetischen Medien verlor man kein Wort über den Austausch mit Bukowski.

Die Sowjetunion übte entschlossen und konsequent Solidarität mit dem chilenischen Volk. Die weltweite

Kampagne für die Freilassung aller politischen Häftlinge der Pinochet-Diktatur, und, insbesondere, die meine, hatte sozusagen ihren Höhepunkt erreicht. Doch der Diktator gab nicht klein bei. Die Sowjets fürchteten um mein Leben und gingen darum auf den Vorschlag Pinochets ein: Der Austausch machte meine Freilassung möglich.

Im Zweiten Weltkrieg hatte Stalin es entschieden abgelehnt, die Freiheit seines Sohnes Wassili, Offizier der Roten Armee und damals Gefangener der Deutschen, durch die Freigabe eines Hitlergenerals zu erkaufen. Das Leben eines Hitlergenerals, sagte er, ist nicht mal so viel wert wie das eines einfachen russischen Soldaten. Die Regierung Breshnew war jedoch der Ansicht, daß es keine Prinzipien gäbe, die es verböten, mich mittels eines derartigen Handels aus dem Gefängnis herauszuholen. Dennoch erhoben einige kommunistische Parteien in Europa ihre kritische Stimme. Die Französische Kommunistische Partei erklärte ausdrücklich, daß es politische Häftlinge gar nicht geben dürfe, weder in Chile noch in der Sowjetunion, und daß ein derartiger Austausch nicht korrekt sei. Ihr Generalsekretär George Marschais bezeichnete ihn als »beklagenswerten Menschenhandel«, und unsere Beziehungen waren von da an nachhaltig gestört. »L'Osservazione Romano" betonte, die Existenz politischer Häftlinge sei »schändlich und würdelos für den Osten wie für den Westen«. Arturo Fontaine, damals stellvertretender Direktor von »El Mercurio«, sprach noch am Tag des Austauschs mit Pinochet und berichtete danach, der Diktator habe, kaum daß sich die Tür zu seinem Zimmer öffnete, sie mit dem Ausruf begrüßt: »Wir haben gesiegt, gesiegt auf der ganzen Linie!«

Ich selber wurde gefragt, wie ich über den von Pinochet am 16. November vorgeschlagenen Austausch dächte. Ich antwortete: Als Häftling, fern der Welt und ohne Erinnerung an vergleichbare Fälle, hätte ich selber keine vernünftige Meinung gehabt und die Entscheidung darüber der Parteiführung überlassen. Und ich fügte hinzu, wäre der Gedanke des Austauschs auf Ablehnung gestoßen, wäre ich im Gefängnis geblieben, ganz gleich, wie lange. Die Parteileitung stimmte aber zu, nur Volodia Teitelboim zögerte. Auf jeden Fall wurde meine Freiheit - eine relative Freiheit, da ich nicht in meinem Land leben durfte - als ein Sieg der internationalen Solidarität mit dem chilenischen Volk gefeiert. Ich persönlich bemühte mich, es so zu werten.

Breshnew knüpfte auch gute Beziehungen zur Sozialistischen Partei und hegte tiefe Sympathie für Präsident Allende. Dieser kam Ende 1972 auf seine Einladung hin nach Moskau. Was das Politische angeht, so wurde er mit allen Ehren empfangen. Auf ökonomischem Gebiet wurden seine und unsere Erwartungen bei weitem nicht erfüllt. Die Ergebnisse waren eher mager. Gonzalo Martner, Wirtschaftsminister der Unidad Popular, sagt in seinem Buch »Die Regierung Präsident Allendes«, »daß es sowohl auf chilenischer wie auf sowjetischer Seite große Probleme gab. Chile verlangte Dollars von einem Land, das seinen Handel auf der Basis des Rubel abwickelt; es wollte im letzten Monat des Jahres Lebensmittel kaufen, als die Export- und Importgeschäfte innerhalb des RGW bereits abgeschlossen waren; zudem hatte die Sowjetunion ihre Hilfe für Vietnam im entscheidenden Jahr jenes langen Krieges verstärkt. Die Sowjets ihrerseits«, so Martner, »waren langsam und unbeweglich und gegenüber dem Fall Chile ohne Phantasie.«

Tatsache ist, daß Allende vor allem interessiert war, einen Kredit in harter Währung zu bekommen, um die Krise, in der seine Regierung steckte, zu überwinden. Er brauchte dringend 80 Millionen Dollars und bat die UdSSR, ihm diese Summe zu leihen, weil er binnen weniger Tagen, das heißt am 5. Januar, einige ihm von mehreren lateinamerikanischen Staaten gewährten kurzfristigen Kredite zurückzahlen mußte. Die Sowjets hatten aber genug eigene Probleme. Die Gespräche des Präsidenten und seiner Begleitung mit den Sowjets waren herzlich und freundschaftlich verlaufen. Es war offen dargelegt worden, in welcher Situation wir uns befanden, doch die Sowjets beantworteten die Bitte um 80 Millionen Dollar abschlägig.

Schließlich folgte der Empfang im Kreml. Der Sankt-Georg-Saal war überfüllt, anwesend waren die höchsten Repräsentanten des sowjetischen Staates, das Diplomatische Corps und Vertreter aus Kunst und Kultur. Es war gegen 19 Uhr, zwei Stunden später mußten Allende und seine Begleitung den Rückflug nach Chile antreten; in der Hauptstadt der Ukraine sollte zwischengelandet und übernachtet werden. Wir waren verzweifelt. Ich fragte Igor Ribalkin, warum wir bereits in dieser Nacht zurückkehren sollten und nicht den Aufenthalt um einen Tag verlängern könnten, um die Gespräche fortzusetzen. Er antwortete mir, es sei üblich - und das schriebe das sowjetische Protokoll so vor -, daß Besuche von Staatsmännern in Moskau nicht länger als fünf Tage währen durften. Der Präsident rang weiter darum, den Kredit zu bekommen. Auf seine Bitte hin ging ich auf Kirilenko zu und wies ihn auf den Ernst des Problems hin. Ich berichtete ihm nicht nur von der Devisennot, in der die Allende-Regierung steckte, sondern auch von den politischen Konsequenzen, die das Scheitern der Reise - was die finanzielle Unterstützung betraf - mit sich brächte. Kirilenko setzte alle Hebel in Bewegung, besprach sich mit anderen. Und schließlich gewährten die Sowjets einen Kredit über 45 Millionen Dollar. Alfonso Inostroza, Präsident der Zentralbank, der Allende ebenfalls begleitete, befand sich bereits, auf der Rückreise nach Chile, in Paris. Man konnte ihn ausfindig machen und ihm mitteilen, daß er nach London fliegen müsse, um die Vereinbarung mit der sowjetischen Bank, die ihren Sitz in der britischen Hauptstadt hatte, zu unterzeichnen.

Als Michail Gorbatschow das Amt des Generalsekretärs übernahm, hatte man den Eindruck, Hochmut sei ihm fremd und der Personenkult werde ihn nicht berühren. Er war nicht Gegenstand von Lobhudelei oder Ähnlichem. Dennoch erhob er sich - und man erhob ihn - in der Praxis des Alltags über die anderen. Er überschätzte - und man überschätzte - seine Fähigkeiten. Er wurde zum internationalen Star.

Gorbatschow kommt das Verdienst zu, die Übel aufgedeckt und die zwingende Notwendigkeit aufgezeigt zu haben, das sozialistische System zu rekonstruieren. Man kann sagen, daß er anfangs die Dinge gut und genau plante, vor allem als er forderte, zu Lenin zurückzukehren, und dafür sorgte, daß Partei und Volk die nötigen Veränderungen in Angriff nahmen. Aber er war nicht konsequent. Er selber entfernte sich immer weiter von Lenin und vom Volk, griff vor und zeichnete Pläne und Direktiven in die Luft. Er erschien am sowjetischen Firmament wie ein leuchtendes Gestirn, wie ein moderner und mit allen Wassern gewaschener Politiker. Er verschwand aus der ersten Reihe und überließ sein Land dem Ruin und dem Chaos, das sozialistische System war zusammengebrochen, und die einstige Supermacht befand sich auf dem besten Weg, ein Land der Dritten Welt zu werden. Objektiv gesehen, war er der Totengräber der Sowjetmacht, des sowjetischen Sozialismus, der, wie er selber sagte, grundsätzlicher Korrekturen bedurfte, damit er sozialistischer und demokratischer werde, nicht aber, damit er zur Genugtuung der Kapitalisten unterging.

Gorbatschow zog sich zurück. Er leitet heute in Rußland ein Institut für Soziopolitische Studien, das seinen Namen trägt; im Ausland publiziert er in einer Reihe westlicher Zeitungen ständig Artikel, in denen er dem Papst huldigt und die Vorzüge der nordamerikanischen Demokratie rühmt. Nachdem er bereit war, diese Demokratie zu beweihräuchern, redet er nun nicht mehr vom Sozialismus und nicht einmal mehr von der Perestroika.

Am 11. März 1985 wurde Gorbatschow zum Generalsekretär ernannt und wenig später zum Präsidenten der UdSSR. In der ersten Zeit genoß er hohes Ansehen innerhalb und außerhalb der Sowjetunion. Die Zeitschrift »Le Point« bezeichnete ihn als »Mann des Jahres 1987«. Die Fahne, die er in die Hand nahm, die Fahne des Weltfriedens und der Erneuerung der sowjetischen Gesellschaft, der Demokratisierung und Modernisierung des Landes, entsprach ganz dem Interesse und dem Streben der Sowjets. Kein Regierungschef nach Lenin besaß solche Popularität. Aber keiner von ihnen beendete seine Tage als Regierungschef so bar jeglicher Unterstützung seitens der Bevölkerung.

Am 25. Dezember 1991 verkündete Michail Gorbatschow in einer Livesendung im Fernsehen: »Ich lege mein Amt als Präsident der Republik nieder.« In Wahrheit hatte er dieses Amt gar nicht mehr inne. Er hatte nichts mehr zu sagen. Tage vor seinem Sturz teilte die »Washington Post« mit, daß er aufgehört habe, »der Führer eines ›Phantasiereichs‹« zu sein. »Er kam 1985 an die Macht«, schrieb die nordamerikanische Zeitung, »und versprach, die Sowjetunion zu stärken, dem sozialistischen System neue Impulse zu geben und die marode Wirtschaft neu zu beleben. Nun, im Dezember 1991, da er bereit ist, das Amt aufzugeben, existiert die UdSSR nicht mehr, der Sozialismus ist völlig in Verruf geraten, und die wirtschaftliche Lage ist katastrophaler denn je.«

Es ging Gorbatschow wie dem Anstreicher, dem man die Leiter wegzog. Die Präsidenten Rußlands, der Ukraine und Bjelorußlands trafen sich am 8. Dezember jenes Jahres in Minsk und vereinbarten, die Sowjetunion, das sozialistische Staatengebilde aus 15 Republiken, durch eine Gemeinschaft Unabhängiger Staaten zu ersetzen, notwendig verbunden durch objektive Gegebenheiten - einiges davon nur zeitweilig, wie das Beibehalten einer einheitlichen Währung. Tage später trafen sich in Alma Ata, der Hauptstadt Kasachstans, die Präsidenten aller Republiken - ausgenommen Armenien und die Baltischen Staaten, die sich bereits von der Sowjetunion getrennt hatten - und unterzeichneten das Abkommen von Minsk. Wiederholt äußerte Gorbatschow, daß er nicht einverstanden sei. Aber seine Meinung galt nichts mehr. Einige Wochen noch war er formal der Präsident einer UdSSR, die freilich schon nicht mehr existierte. Als 1985 die Perestroika begann, hatte er alle Macht in den Händen. Nach dem Putsch im August stellte er nicht mehr dar als die Königin von England. Als das Treffen in Alma Ata stattfand, hatte er weder ein Land, das er regieren, noch einen Staat, in dem er herrschen konnte. Er endete damit - es sei noch einmal daran erinnert -, daß er am 24. Dezember das Amt des Präsidenten niederlegte, ein Amt, das es zu dem Zeitpunkt nur noch dem Namen nach gab. Am darauffolgenden Tag sollte er sich mit Jelzin im Kreml treffen, um ihm das Köfferchen mit den Schlüsseln auszuhändigen, die Zugang zu den Knöpfen ermöglichen, welche einen atomaren Krieg auslösen können. Doch Jelzin erschien nicht: Er genoß es, ihn ein weiteres Mal zu demütigen.

Nach seinem Rücktritt von einer inzwischen zum Phantom gewordenen Regierung huldigten ihm die Staatsmänner in der kapitalistischen Welt. Sie hoben ihn in den Himmel. Sie sparten nicht mit Lobeshymnen.

George Bush sagte: »Präsident Gorbatschow ist verantwortlich für eines der bedeutendsten Ereignisse dieses Jahrhunderts: die revolutionäre Umgestaltung einer totalitären Diktatur und die Befreiung seines Volkes aus erstickenden Armen.« Und er fügte hinzu: »Anläßlich des Rücktritts von Gorbatschow möchte ich ihm offiziell und im Namen des Volkes der USA meinen Dank sagen für die Jahre des Engagements für den Weltfrieden sowie ihm meine persönliche Bewunderung für seine Intelligenz, seine Weitsicht und seinen Mut zum Ausdruck bringen. Sein persönliches Eintreten für die Demokratie gestattete es den Völkern Rußlands und anderer Republiken, Jahrzehnte der Unterdrückung zu überwinden und die Grundlage für die Freiheit zu schaffen.« Und er setzte hinzu: »Gorbatschow handelte entschlossen und entschieden, um die durch den Kalten Krieg hervorgerufenen bitteren Trennungen zu beenden.« Der Premierminister Giulio Andreotti sagte: »Ich ziehe den Hut vor ihm.« Der deutsche Kanzler Helmut Kohl dankte Gorbatschow »für seinen entscheidenden Beitrag zur deutschen Einheit« und unterstrich, ihm sei es gelungen, die UdSSR »von Diktatur und Unterdrückung zu befreien, und er habe die Möglichkeit dafür geschaffen, daß die Länder Osteuropas frei ihren eigenen Weg in die Demokratie wählen konnten«.

In seiner Rede vor dem Fernsehen zog Gorbatschow Bilanz und schätzte das Erreichte ein: »Wir leben in einer neuen Welt, wir haben den Kalten Krieg beendet, die Drohung eines Weltkrieges abgebaut, die weitere Aufrüstung des Landes gestoppt, die unserer Wirtschaft, dem gesellschaftlichen Bewußtsein und der Moral schadete.«

Über den Preis, den er dafür gezahlt hatte, sprach er nicht.

Die Hauptverantwortung Gorbatschows besteht darin, mit der Perestroika nicht in der Partei selber angefangen zu haben, nicht darauf geachtet und es nicht geschafft zu haben, daß die Partei die Perestroika in allen Bereichen durchsetzt. Glaubte er etwa, daß es, wie in mehr oder weniger normalen Situationen, genügte, wenn das Zentralkomitee grünes Licht gab, und daß dann die altbekannten Mechanismen funktionieren würden? Unterschätzte er die Partei? Überschätzte er sich selber? Alles zusammen traf zu. Die Perestroika scheiterte jedenfalls und riß das sowjetische Regime und die Sowjetunion mit in den Abgrund, denn, wie wir unter uns Kommunisten zu sagen pflegen, die Partei war nicht auf der Höhe der Ereignisse. Und Gorbatschow auch nicht.

Natürlich liegt die Schuld nicht nur bei diesen Persönlichkeiten. Nicht nur bei Stalin, Breshnew oder Gorbatschow. Sie waren nicht allein und handelten nicht allein.

Fatale Stagnation

Die Macht der Sowjets wurde in einem der rückschrittlichsten Länder Europas errichtet, das über eine Reihe noch rückschrittlicherer Länder, vor allem in Klein- und Mittelasien, herrschte. Als besagte Macht errichtet wurde, war das alte Rußland, verglichen mit den kapitalistischen Ländern, auf sozial-ökonomischem Gebiet etwa ein Jahrhundert zurück. Das neue Regime verringerte den Abstand auf beeindruckende Weise, trotz der Blockade, deren Opfer es jahrelang war, und trotz der Verwüstungen im Krieg, der schrecklichsten, die ein Land je erlitten hat. Es gab Momente, da es das Niveau des Kapitalismus in bestimmten Aspekten erreichte und überflügelte. Der erste Fünfjahrplan wurde innerhalb von vier Jahren generell zu 98 Prozent erfüllt und in der Schwerindustrie sogar zu 108 Prozent. Das hatte zur Folge, daß sich die nationale Produktion verdreifachte und die Vorkriegsproduktion zwischen 1929 und 1932, in den Jahren der großen Krise des kapitalistischen Systems, sich vervierfachte.

Nach dem Zweiten Weltkrieg waren die Fortschritte ebenfalls außergewöhnlich, nicht nur im wirtschaftlichem Bereich. Die Sowjetunion hatte auf dem Gebiet der sozialen Errungenschaften nicht ihresgleichen. In der Wissenschaft, der Bildung und der Kultur nahm sie eine Vorrangstellung ein. Bildung und medizinische Versorgung standen jedermann kostenlos zur Verfügung, in der Ausbildung von Fachleuten und

Technikern, bei der Herausgabe von nationaler und internationaler Literatur erreichte sie ein hohes Niveau, und das Volk hatte Zugang zu jeder Art von Kunst und der Kultur.

Die Sowjets überraschten die Welt, als sie 1957 den ersten Satelliten in den Weltraum schickten und danach den ersten Menschen, Juri Gagarin, und später die erste Frau, Valentina Tereschkowa, die um die Erde kreisten. In der chemischen Industrie waren sie Pioniere, in verschiedenen Bereichen der Medizin ebenfalls sowie bei der Entwicklung der Laserstrahlen. Sie bauten das schnellste Unterseeboot, das in tiefste Tiefen vordringt. Sie entwickelten fortschrittlichste Techniken bei der Schmelze von Aluminium, Stahl und anderen Metallen, für die Festigkeit von Gleisen, bei der Herstellung von Magnetfeldern, die unterschiedliches Material zusammenfügten, sowie auf anderen Gebieten.

Theoretisch sollte die wissenschaftlich-technische Revolution vor allem dem Sozialismus zugute kommen, denn die Automatisierung der Produktionsprozesse würde dazu führen, die Menschen von mechanischen Arbeiten zu befreien und die Arbeitsproduktivität entscheidend zu erhöhen und die Arbeitszeit zu verkürzen, also günstigste Bedingungen für ein reicheres Leben zu schaffen. Im Kapitalismus ist die Steigerung der Arbeitsproduktivität immer mit Problemen verbunden, allein schon durch die Tatsache, daß die Automatisierung zu einer beträchtlichen Erhöhung der Zahl der Beschäftigungslosen führt. In der Praxis freilich sah alles ganz anders aus. Die Sowjetunion automatisierte nicht die gesamte Industrie, und sie kümmerte sich wenig darum, die Produktion von Konsumgütern des täglichen Bedarfs zu modernisieren und zu entwickeln. Das erklärt sich wahrscheinlich aus dem Bestreben, der Schwerindustrie den Vorrang zu geben, und daraus, daß sie gezwungen war, große Summen in die Rüstung zu stecken, um ein Gleichgewicht gegenüber dem Westen zu erreichen und auch zu halten. Vielleicht deshalb konzentrierte sie ihre Kräfte und Mittel darauf, die hochentwickelte Technologie in der Kosmosforschung, beim Bau von Raketen und in anderen Zweigen der Rüstungsindustrie einzusetzen, und vernachlässigte zwangsläufig vor allem Bereiche der Konsumgüterproduktion.

Stagnation war die Folge.

Ende der siebziger Jahre und Anfang der achtziger Jahre sank das Nationaleinkommen um mehr als 50 Prozent In dieser Zeit nahm der Kapitalismus auf dem Gebiet der wissenschaftlich-technischen Entwicklung, bei der Bereitstellung modernster Technologien und in der Effizienz der Herstellung von Produkten und in ihrer Qualität einen beträchtlichen Aufschwung.

Der Rückgang war unübersehbar. Im Sommer wurde oft die Milch in unserer Moskauer Wohnung sauer. Ich mußte stets daran denken, daß in der Calle Bremen in Ñuñoa, wo wir viele Jahre wohnten, Tag für Tag zwei Autos - das eine von Soprole, das andere von Delicias - Milch in Literflaschen anboten. Wenn Soprole ausfiel, gingen wir zu Delicias und umgekehrt. Ich vermißte diese Konkurrenz. Die Milch in Moskau war pasteurisiert wie die, die wir in Chile kannten, bevor wir ins Exil gingen. Aber wenn sie in den Laden im Viertel kam und nicht in den Kühlschrank gestellt wurde - entweder gab es keinen Kühlschrank, oder der Leiter kümmerte sich nicht -, hielt sie der Hitze des Moskauer Sommers nicht stand und wurde sauer. Mit der Zeit, so dachte ich, würde die Infrastruktur verbessert werden und die Nachlässigkeit der Leiter verschwinden. Soweit kam ich mit meinen Überlegungen. Als ich 1983 nach Chile zurückkehrte, gab es inzwischen in dem unterentwickelten Land eine neue Technologie, die es ermöglichte, den Verbrauchern »haltbare« Milch anzubieten. Auch auf diesem Gebiet war die Sowjetunion zurückgeblieben. Chile, unser kleines Land, war hier weiter als die beiden Supermächte.

Auch im Moskauer Handel war der Rückschritt beträchtlich, und nicht nur hinsichtlich der Auswahl und der Qualität der Produkte.

Jedesmal, wenn wir in einem Kaufhaus oder in einem Laden waren, staunten wir über die Gewandtheit, mit der die Angestellten auf ihrem Rechenbrett die Rechnung aufstellten. Registrierkassen, die wie eine Schreibmaschine mit Tasten sowie mit einer Kurbel versehen waren und im Westen zu den Museumsstükken gehörten, waren fast nicht anzutreffen. Das tausend Jahre alte Rechenbrett herrschte weiter. Ende 1970 wich es allmählich den elektronischen Rechnern. Supermärkte existierten nicht.

1979 reiste ich zusammen mit meiner Tochter Lily und ihrem Mann, die beide in Chile geblieben waren, nach Usbekistan. Wir besuchten Buchara und Samarkand, tausendjährige Städte. Die Erzählungen aus Tausendundeiner Nacht haben hier in Samarkand ihren Ausgangspunkt. In Taschkent, der usbekischen Hauptstadt, besuchten wir eine große Fabrik für Baumwollerntemaschinen. Diese Republik in Zentralasien verarbeitet speziell die Baumwolle. Man berichtete uns von der Qualität dieser Industrie, die den sowjetischen Markt versorgte und einen großen Teil ihrer Produkte exportierte. Meine Tochter und mein Schwiegersohn, die in der Computer- und Informatikbranche arbeiten, fragten, ob die Fabrik über Computer verfüge. Das wurde bejaht. Daraufhin wollten sie sie ansehen. Die Angestellten, die uns begleiteten, schauten sich an, wechselten einige Worte, die uns der

Dolmetscher nicht übersetzte. Ich glaube, sie waren einen Augenblick verwirrt, als wären sie gebeten worden, ein Staatsgeheimnis preiszugeben. Doch schließlich erteilten sie die Erlaubnis. Die neugierigen Besucher wurden also aufgefordert, ihnen in ein Nebengebäude zu folgen, das gut verschlossen und bewacht war. Als sie zurückkamen, flüsterte mir meine Tochter ins Ohr: »Ja, die Computer sind von Anno Tobak.«

Die Rückständigkeit zeigte sich nicht nur in der Wirtschaft, sondern auch in bestimmten Lebensbereichen, und natürlich in der Ideologie. Die alten Normen und Vorschriften galten nach wie vor, der Dogmatismus aus den Handbüchern herrschte weiterhin, es wurde weiter vom wissenschaftlichen Kommunismus geredet, von seiner Überlegenheit.

Der Sozialismus wurde über die Maßen gepriesen, der Kapitalismus in Bausch und Bogen verteufelt: Er steckte immer in der Krise, in einer allgemeinen, andauernden Krise. Dabei war Fakt, daß er voranschritt, glänzende ökonomische und politische Erfolge erzielte, während der Sozialismus zurückblieb.

Gorbatschows Diagnose fand ihre Bestätigung: »Die Ära Breshnew war die Ära der Stagnation.« Deshalb forderte er energisch, daß die Sowjetunion diese Situation überwinden, die Gesellschaft in allen Bereichen reformieren müsse. Das versuchte er mit der Perestroika, doch ohne zu sehen, wie tief das Übel saß.

Es gab die Tendenz, Straftaten in Partei und Regierung zu ahnden, Diebstahl, der das gesellschaftliche Eigentum bedrohte. Funktionären wurde der Prozeß gemacht, manche wurden zum Tode verurteilt. So geschah es, als ich in der UdSSR lebte, mit einer Mafia, die mit dem betrügerischen Export von Kaviar Geschäfte machte; entdeckt worden war sie zufällig von einer Moskauerin, die in einem Kaufhaus eine Fischkonserve kaufte und beim Öffnen merkte, daß diese Kaviar enthielt, was sie zur Anzeige brachte.

Mitten im Prozeß der Perestroika konnte man bemerken, daß die Korruption zugenommen hatte, ein allgemeines Phänomen, das die sowjetische Gesellschaft zersetzte. Aufgedeckt und angezeigt wurde beispielsweise die Baumwollmafia, hinter der niemand Geringeres stand als der Vizeminister des Inneren, der Schwiegersohn Breshnews, der Abgeordnete Juri Churbanow und der Präsident Usbekistans und Mitglied des Politbüros der KPdSU, der Schriftsteller Sharif Rashidow. Dieser hatte Anfang 1971 in Begleitung des Journalisten Juri Schukow, als Repräsentant der sowjetischen Kommunisten auf dem Kongreß der Sozialistischen Partei in La Serena, Chile, besucht. Ich hatte ihn in meine Wohnung in der Calle Bremen zum Essen eingeladen. Jahre später war ich in Taschkent sein Gast. 1989 fragte ich nach ihm. Man sagte mir, er habe Selbstmord begangen, nachdem entdeckt worden war, daß er Schmuck und andere Wertgegenstände unrechtmäßig gehortet hatte.

Der Journalist Witali Witaljew tat sich zu Beginn der Perestroika damit hervor, daß er Korruption denunzierte, vor allem in Dnepropetrowsk, zu einer Zeit, die von einigen als die »süße Stagnation« bezeichnet wird. Dnepropetrowsk ist Breshnews Geburtsort, genannt »die Höhle der Stagnation«, weil von dort auch mehrere seiner Mitarbeiter kamen.

Wieviel Diebstahl dieser Art hat es nach dem Zusammenbruch der sowjetischen Gesellschaft und dem Verschwinden der Werte, die sie ausmachten, gegeben? Diese Geschichte hat gerade eben begonnen. Inzwischen sind schon mindestens zwei riesengroße Skandale innerhalb des russischen Parlaments an die Öffentlichkeit gedrungen: einer steht im Zusammenhang mit dem Export von Rüstung und Rohstoffen und der andere mit einem Außenhandelsvertrag in Höhe von schätzungsweise 500 Millionen Rubel, der unter Schirmherrschaft von Filtschine, Vizeminister der Regierung Jelzin, vorbereitet wurde. Obwohl beides rechtzeitig aufgedeckt wurde, zeigt es doch, daß es auf dem Weg zum Kapitalismus skrupellose Elemente gibt, die, wenn es ums Geld geht, vor nichts zurückschrecken.

Was als eine Stärke des Regimes erschienen war - die Allianz zwischen den verschiedenen Völker der UdSSR -, zerfiel und wurde zu einem der wesentlichen Faktoren, die zum Zusammenbruch führten.

Das Rußland der Zaren wurde »Völkergefängnis« genannt. Die Sozialistische Oktoberrevolution setzte dem ein Ende. Der sowjetische Staat war der erste Staat in der Welt, der allen unterdrückten Nationen uneingeschränkte Freiheit einräumte. Neun Tage nach dem Sieg der Revolution wurde die »Deklaration der Rechte der Völker Rußlands« veröffentlicht, die die Gleichberechtigung und Souveränität der Völker des zaristischen Imperiums beinhaltete, die Abschaffung jeder Art von Privilegien und nationaler und religiöser Restriktionen, die freie Entfaltung nationaler Minderheiten und ethnischer Gruppen und das Recht auf Selbstbestimmung, das die Möglichkeit eines jeden einschloß, sich zu lösen und einen selbständigen Staat zu bilden. Finnland machte Gebrauch von diesem Recht. Die übrigen Länder bestätigten nach und nach, mit dem sowjetischen Rußland verbunden bleiben zu wollen. Die Ukraine ernannte sich 1917 zur Sowjetrepublik; sie war das erste Land, das sich nach Rußland für die Sowjetmacht aussprach. In den ersten sechs Monaten, die auf die Oktoberrevolution folgten, wurden in Bjelorußland und Estland, in dem von den

Deutschen (Rußland hatte mit ihm den Frieden von Brest-Litowsk geschlossen) nicht besetzten Gebiet von Lettland, in Moldawien, auf der Krim, in Turkestan, im größten Teil von Kasachstan und in der Hauptstadt von Aserbaidshan Sowjets eingerichtet.

Im Dezember 1922 wurde formell die Sowjetunion geschaffen, die aus 15 Republiken bestand, wobei es in einigen von ihnen Randgebiete gab und gibt, die autonom geblieben sind. Aus mehr als 100 Nationalitäten setzt sich das riesige Territorium der Sowjetunion zusammen. Unter dem neuen Regime überwanden sie alle die Rückständigkeit, traten in das industrielle Zeitalter und erlebten das Aufblühen ihrer heimischen Kultur. Vor der Revolution gab es in Usbekistan kaum Industrie; heute sind dort Tausende von Fabriken. In Tadschikistan gab es einige halbhandwerkliche Unternehmen; heute gibt es auch dort Tausende von Fabriken. Vor einem Vierteljahrhundert stellte es 50 Prozent mehr Strom her als Griechenland, 11 Prozent mehr als Iran und 23 Prozent mehr als Pakistan.

In den am Rande liegenden Republiken betrug das Analphabetentum 98 Prozent. Während des Sozialismus wurde dieses Übel völlig beseitigt. Überall wurde die Ausbildung auf die notwendigen Anforderungen in den verschiedenen Gebieten zugeschnitten. Es gibt keine Republik ohne Universität. In Kirgiesien, das vordem über keine Schriftsprache verfügte, waren noch vor wenigen Jahren unter tausend Einwohnern mehr Studenten als in Frankreich. All das ein Werk der sowjetischen Macht. Fast 50 Völker besaßen kein Alphabet und infolgedessen keine Schriftsprache. Viele von ihnen, wie die Kirgiesen, die Kalmücken, die Turkmenen, lebten in Stämmen, verstreut, in einem rein patriarchalischen System. Unter dem Sozialismus gaben sie ihre eigenen Zeitungen und Bücher heraus und entwickelten ihr Filmwesen.

In den Machtpositionen, in den regionalen Sowjets wie im Obersten Sowjet, in den Ministerien, überall saßen die hervorragendsten Persönlichkeiten aus den verschiedenen Völkern der Union. Lenin war Russe, Stalin Georgier, Chrustschow Ukrainer, Mikojan Armenier. Im sowjetischen Fernsehen, in den Theatern der großen Städte traten die Künstler aller Nationalitäten auf. Auf den Moskauer Straßen waren täglich Menschen aus dem Kaukasus, aus Zentralasien, aus dem Fernen Osten in ihrer typischen Kleidung zu sehen.

Das war das schöne Antlitz des großen multinationalen Landes des Sozialismus, sichtbar für alle.

Die Sowjetunion bestand aus 15 miteinander verbundenen Republiken und aus 20 autonomen Gebieten, die zu jenen gehörten. Jede verbündete oder autonome Republik besaß ihre eigene Verfassung, die mit der Verfassung der UdSSR abgestimmt war. Alle waren im Nationalitätensowjet und im Obersten Sowjet der UdSSR vertreten. Es gab außerdem acht autonome Gebiete, die zu den verbündeten oder den autonomen Republiken gehörten, und zehn nationale Gebiete, gebildet von einem oder mehreren kleinen Völkern, die durch die Besonderheiten ihrer Geschichte, ihrer Kultur, ihres Lebensstils am Rande standen. Diese Gebiete hatten ihre eigene staatliche Ordnung, mit weitreichenden administrativen Funktionen.

»Wir wollen einen freiwilligen Zusammenschluß der Nationen«, hatte Lenin geschrieben, »einen Zusammenschluß, der jegliche Gewalt untereinander ausklammert, einen Zusammenschluß, der auf vollem Vertrauen beruht, auf dem klaren Bewußtsein der brüderlichen Verbundenheit und auf einem absolut freiwilligen Einvernehmen.« 1918, als das russische Volk gegen die ausländische Intervention kämpfte, dachte man beim ersten sowjetischen Staatswappen sofort an das Schwert. »Warum dieses Schwert?« fragte er. »Wir brauchen keine Konflikte. Die Politik der Eroberung ist uns völlig fremd. Wir greifen nicht an, wir verteidigen uns nur gegen innere und äußere Feinde. Unser Krieg ist defensiver Natur, das Schwert ist nicht unser Embleme.« Für mich, das sage ich ohne Umschweife, war die Sowjetunion das Beispiel, das Vorbild bei der Lösung nationaler Probleme. Ich dachte an die Ureinwohner auf unserem Kontinent, insbesondere an meine Landsleute, die Mapuches. Wenn sie hätten sehen können, wie die Buriaten, die Permiaken, die Koriaken, die Ebenken, die vor der Revolution ein Nichts waren, Staatsbürgerschaft, Wohlstand und Würde erhielten!

Wie lange entsprach das, was man auf den ersten Blick sah, der Realität?

Als die Auseinandersetzung zwischen Aserbaidshanern und Armeniern durch die Besetzung Nagorny-Karabachs eskalierte, konkret am 6. Juli 1989, erinnerte die »Prawda« daran, daß die Garantie der Gleichheit für alle Nationalitäten, ob groß oder klein, ein Grundprinzip des Leninismus sei. »In den ersten Jahren der Revolution«, schrieb sie, »maß man dem eine hohe Bedeutung bei. Geschaffen wurde die territoriale autonome Verwaltung jeder Nationalität sowie ein nationaler Landwirtschaftssowjet, der Sielsowjet. Es wurden außerdem besondere Staatsorgane eingerichtet, so die Abteilung Innere Angelegenheiten der Nationalitäten und Abteilungen für die Minderheiten in den Sowjets der Gebiete und Völker, die Ispolkom. Doch seit den 30er und 40er Jahren schenkte man den Nationalitäten nicht mehr die gebührende Aufmerksamkeit, Institutionen wurden abgeschafft, die sich mit deren ökonomischen und kulturellen Bedürfnissen befaßten, wie es für die allgemeine Entwicklung unabdingbar gewesen ist. Folge dieses Abweichens von

Leonid Breshnew empfängt Luis Corvalán

Walter Ulbricht empfängt Corvalán in Berlin

Staatsbesuch Salvador Allendes in der UdSSR 1972;
von links nach rechts: Corvalán, Kossygin, Allende, Breshnew, Podgorny

Corvalán mit Pablo Neruda (Mitte) und Salvador Allende

Auf dem Flughafen von Rom mit Gian Carlo Pajetta und Enrico Berlinguer

Luis Corvalán zu Gast bei János Kádár in Budapest

Todor Shiwkow empfängt Corvalán in Sofia

der Leninschen Politik gegenüber den Nationalitäten«, so schließt die »Prawda«, »war die Verletzung ihrer Rechte.«

Bei der Umsetzung der theoretisch guten Nationalitätenpolitik in die Praxis kam es also zu Abweichungen parallel zu den Deformationen des Sozialismus, besonders fatal spürbar bei der Ersetzung der Macht der Sowjets durch die Macht der Partei. Unbestritten nahmen die Diskrepanzen zwischen den Republiken und der Zentralmacht und auch zwischen den russischen und den nichtrussischen Nationalitäten zu. Der Zentralismus und die Politik des »teile und herrsche« von Moskau aus entwickelten sich dergestalt, daß in der sowjetischen Hauptstadt viele der Angelegenheiten analysiert und entschieden wurden, die in den jeweiligen Republiken hätten behandelt werden müssen; das konnte nicht gut gehen. Freilich wurde die Respektierung der nationalen Identität propagiert, doch die sowjetische Bevölkerung praktizierte eine Art Supranationalität. Der Mensch war im zivilen Leben zuallererst Sowjetbürger und dann Armenier, zuallererst Sowjetbürger und dann Ukrainer. Die offizielle Sprache war das Russische, es drängte die Landessprachen zurück. Immer weniger Bücher wurden in diesen Sprachen verlegt. Man griff immer weniger auf sie zurück. Die Möglichkeiten, in der Muttersprache zu sprechen und zu schreiben, reduzierten sich mehr und mehr. Das schürte die Unzufriedenheit in den nichtrussischen Völkern.

Die heftigen nationalistischen Ausbrüche und die separatistischen Tendenzen traten überraschend zutage. Im Gegensatz zu dem, was wir geglaubt hatten, hatte die UdSSR das Nationalitätenproblem nicht gut gelöst. Die unleugbaren Tatsachen haben uns das bewiesen.

Die Todsünden

Eine der gravierendsten und negativsten Verformungen im Prozeß des Aufbaus des Sozialismus hat mit dem Eigentum zu tun. In Übereinstimmung mit der Verfassung der UdSSR gab es drei Arten sozialistischen Eigentums: das staatliche Eigentum, das kollektive Eigentum und das Eigentum der Gewerkschaften und anderer gesellschaftlicher Organisationen, denen Gesundheits- und Erholungseinrichtungen gehörten, Kulturhäuser, Verlage, Bibliotheken und so weiter. Aber dieselbe Verfassung sagte in ihrem Artikel 11, daß die Hauptform sozialistischen Eigentums das staatliche Eigentum ist. Und dieses hatte schließlich Vorrang. Selbst die kleinen Kioske, die Zeitschriften und Schnürsenkel verkauften, waren staatlich.

Die offizielle Ideologie besagte, daß im entwickelten Sozialismus sich das gesellschaftliche Antlitz des Staates verändert. Er gehört, so hieß es, dem ganzen Volk, er ist der Dolmetscher des Willens und der Interessen der Arbeiterklasse, der Bauernschaft und der Intellektuellen aller Nationalitäten und ethnischen Gruppen des Landes; unter diesen Umständen ist das staatliche Eigentum, so wurde betont, wahrhaft Besitz des ganzen Volkes.

»In der sozialistischen Gesellschaftsordnung, in der dem Volk sowohl die politische Macht wie auch alle gesellschaftlichen Reichtümer gehören, bestimmen die Arbeiter die Entwicklung der Wirtschaft«, so steht es in einem der von Fachleuten unter Leitung des

Rechtsgelehrten F. Kalinischew erarbeiteten Handbücher über die sozialistische Demokratie.

Eine Zeitlang, glaube ich, war dem wirklich so, zumindest in bestimmten Grenzen. Doch in welchem Augenblick änderte sich die Situation, wo und wie lange blieb alles beim alten - das vermag ich nicht zu präzisieren.

1965, als Breschnew an der Macht war, billigte der Ministerrat der UdSSR eine Regelung, aufgrund derer die staatlichen Unternehmen die staatliche Leitung mit der eigenen Autonomie und Initiative in Einklang bringen mußten. Diese Regelung sprach den Gewerkschaften und den Arbeitern in den Betrieben das Recht zu, sich an der Leitung zu beteiligen. Aber die Exekutive der einzelnen Betriebe, die vom Staat benannt wurde, mußte sich an das Prinzip der individuellen Leitung halten; mißtrauisch betrachtete sie alles, was ihre Autorität in Frage stellen und eventuell ihre Verpflichtung kritisieren konnte, die von oben kommenden Anordnungen zu befolgen.

Theoretisch war alles in bester Ordnung, in der Praxis ganz und gar nicht. Das Volk fühlte sich nicht als Eigentümer der in den Händen des Staates liegenden Produktionsmittel, denn es merkte nichts davon, daß der Staat ihm gehörte und in den Unternehmen die Güter verwaltete, die erklärtermaßen die seinen waren. Der Apparat, dem die Führungsspitze von Partei und Gewerkschaft angehörten, handhabte sie. »Anstatt die Interessen der Arbeiter zu verteidigen, sind die Gewerkschafter Funktionäre, die die Güter verteilen und nicht wissen - oder nicht wissen wollen -, was die Arbeiter brauchen.« Diese Meinung äußerte der Held der Sozialistischen Arbeit, Wladislaw Serikow, einem Journalisten der in Moskau erscheinenden Zeitschrift »Tiempos Nuevos« gegenüber, als der die Bergarbeiter im Kusbass, Sibirien, während es großen Streiks 1989 besuchte.

Wenn man, neben der fehlenden Beteiligung der Arbeiter an der Leitung der Unternehmen, die administrativen Methoden des »Befehlen und Anordnen" bedenkt, wird man verstehen können, daß die Arbeiter irgendwann schließlich die Betriebe, in denen sie arbeiteten, als etwas Fremdes betrachteten. Die logische Folge dieser Entfremdung war das Desinteresse an der Arbeit und an den Erfolgen der Produktion.

Die Verstaatlichung der Produktionsmittel führt nicht automatisch zum Sozialismus. Verstaatlichung ist kein Synonym für Sozialismus. Damit eine Gesellschaft wahrhaft sozialistisch sei, sind zwei Voraussetzungen erforderlich: Erstens muß das gesellschaftliche Eigentum an den wichtigsten Produktionsmitteln vorhanden sein - und dieses Eigentum kann verschiedene Formen haben, nicht nur die staatliche -, und zweitens muß der Staat auf allen Ebenen in den Händen des arbeitenden Volkes sein. Fest steht, daß es diese zweite Voraussetzung nicht oder nur teilweise gab. Dem System fehlte ein Fuß, oder es hinkte auf dem einen, dabei hätte es fest auf beiden Beinen stehen müssen.

Natürlich gab es auch persönliches Eigentum: Wohnung, Auto, Datsche und andere Dinge für den eigenen oder familiären Gebrauch, die vererbt, erworben und verkauft werden konnten. Doch die Besitzer dieser Güter hatten nicht geringe Probleme, dies auch zu genießen.

Ich komme auf unsere Freundin Natascha Diomina zurück, die ich im Zusammenhang mit dem Seifenmangel erwähnt habe. 1977, als wir gerade in die UdSSR zurückgekehrt waren, erzählte sie uns eines Tages, sie wisse nicht, wie sie sich hinsichtlich einer Datsche in der Umgebung von Moskau, die ihre Eltern ihr vererbt hatten, verhalten soll. Sie brauche vor allem Fenster, um sie instand zu setzen. Sie hatte keinen Handwerker, der ihr das hätte machen können. Es gab keine, oder wenn es sie gab, arbeiteten sie in staatlichen Unternehmen; man brauchte jemand, der es aus Freundschaft machte, andernfalls war es sehr teuer. Vor ähnlichen Problemen standen die Autobesitzer. Es gab keine Reparaturwerkstätten. Alles war staatlich.

In der Leitung der Wirtschaft wurden weitere gravierende Fehler begangen. Im Kapitalismus entwickelte sie sich anarchisch; im Sozialismus begann man planmäßig vorzugehen, anfangs mit hervorragenden Resultaten, die der UdSSR ein hohes Prestige sicherten. Der Elektrifizierungsplan für ganz Rußland, die ersten Fünfjahrpläne, und alles in angemessenem Maß, brachten dem Land beträchtliche materielle Fortschritte. Doch die Planung war nicht immer gut. Mehr und mehr wurde von oben geplant, ohne die Meinung von unten zu berücksichtigen, ohne eine wirklich demokratische Zusammenarbeit, das einzige, was Kraft und reale und bleibende Erfolge bewirken konnte. Der staatliche Wirtschaftsplan legte fest, welche Art von Produkten und in welcher Menge jeder Bereich der nationalen Wirtschaft herstellen sollte, welche neuen Betriebe entstehen sollten und wo, wie viele Fachleute ausgebildet werden sollten, und so weiter. Das stimmte nicht immer mit den wirklichen Erfordernissen des Volkes überein. Oft wurden die vor der Gesellschaft stehenden Aufgaben nach subjektivem Ermessen gelöst.

Im Handel häuften sich manche Artikel, weil sie in viel größeren Mengen produziert wurden, als wirklich gebraucht, während andere fehlten, nicht weil man nicht fähig war, sie herzustellen oder zu importieren, sondern einfach aus Gründen schlechter Planung. Einmal wollte ich ein Möbelstück in der Küche anstreichen. Ich kaufte Farbe, brauchte einen Pinsel, den gab es aber nicht. Ich lief von Geschäft zu Geschäft, nichts. Entweder die Pinselproduktion war schlecht geplant, richtete sich nicht nach den wahren Bedürfnissen, oder die Verteilung funktionierte nicht.

Manche Waren tauchten plötzlich auf, erfreuten sich großer Nachfrage und verschwanden für immer, wer weiß warum. Auf einer meiner Reisen in die UdSSR kaufte ich einen Rasierapparat, der funktionierte mechanisch, war sicherlich für Touristen gedacht, für Grenzposten, für Militärangehörige. Als ich kurz nach dem faschistischen Putsch im September 1973 verhaftet wurde, legte ich ihn zu meinen Sachen. Kaum war ich in der Militärschule, meinem ersten Gefängnis, nahmen sie mir vieles ab, darunter auch den Rasierapparat, den ich natürlich nicht wiederbekam. Er war eine Rarität. Ich wollte später in der UdSSR einen ähnlichen kaufen. Unmöglich. Er war vom Markt verschwunden.

Offiziell existierten nur zwei Märkte: der staatliche und der genossenschaftliche, jener mit stabilen und niedrigen Preisen, dieser mit schwankenden und hohen Preisen. Der genossenschaftliche Markt wurde historisch zu dem Zweck eingerichtet, die kleine bäuerliche Produktion, die Produkte aus Gärten oder privatem Landbesitz der Mitglieder der landwirtschaftlichen Kooperativen zu nutzen. Mit der Zeit entwickelten sich dort alle Arten von Handwerk. Später wurden, wenn es um Verkauf ging, in den Kolchosen und Handwerksbetrieben generell, einfache Zwischenhändler eingesetzt. Ich glaube, ich habe die Moskauer Märkte gut gekannt, unter ihnen den Zentralmarkt (Zentralny Rinok), den Markt von Wawilowa, dessen richtiger Name auf russisch Tscherjomuschkinsky Rinok lautet; den von Sokol und den am Bahnhof gelegenen, von wo aus die Züge nach Minsk und nach den östlichen Ländern abgehen. Dort waren immer Produkte zu finden, die es sonst nirgendwo gab, beispielsweise Stangenbohnen, Spinat, Euter und andere Tierprodukte. Ich begegnete übrigens immer den gleichen Händlern. Es waren nicht eigentlich Bauern und Handwerker, sondern Händler, darunter viele Georgier, die von den Völkern aus dem Kaukasus und aus der Ukraine, Moldawien und Usbekistan Waren erhielten, welche in Moskau sehr gefragt waren, oder sie fuhren extra in diese Republiken, um sie zu erwerben.

Tatsächlich gab es einen dritten Markt, gleichsam eine Verlängerung oder eine Variante des staatlichen, bestückt mit jenen, zumeist raren Artikeln, die von seiten der Unternehmen oder Dienste an die verkauft wurden, die in ihnen arbeiteten. Und es existierte ein vierter Markt, der schwarze Markt, und ein fünfter, gebildet von den Berioskas-Spezialläden, wo generell nur Diplomaten und Ausländer gegen Devisen einkaufen konnten -, und ein sechster, die Verbrauchergemeinschaften, die Produkte in den ländlichen Einrichtungen kauften und verkauften.

Trotz aller zu beobachtender Mängel und Defizite wurden Moskau und andere große Städte vorrangig versorgt.

Man hätte den Markt zur, vor allem qualitativen, Entwicklung der sozialistischen Produktion nutzen können. Aber allgemein wurden die ökonomischen Gesetze mißachtet, die im Kapitalismus wie im Sozialismus maßgebend sind. Stalin hatte im September 1952 in einer Schrift darauf aufmerksam gemacht, die große Verwirrung stiftete, aber auch große Resonanz hatte und die wir in Chile unter dem Titel »Die ökonomischen Probleme des Sozialismus in der UdSSR« veröffentlichten. Darin setzte sich Stalin mit denen auseinander, die den objektiven Charakter der Gesetze der politischen Ökonomie im Sozialismus leugneten und glaubten, der sowjetische Staat könne sie nach Belieben annullieren und statt dessen neue schaffen. Er unterstrich und verteidigte die Warenproduktion unter den konkreten Bedingungen beim Aufbau des Sozialismus in der UdSSR. Er verteidigte auch die regulierende Kraft, die, in bestimmten Grenzen, der Wert der Arbeit und ihre Auswirkung auf die Produktion hat.

Doch zwischen Sagen und Tun ist ein weites Feld. Das trifft für dieses und vieles andere von Stalin und den sowjetischen Führern nach ihm zu. Im allgemeinen erkannten sie die Dinge mehr oder weniger gut; aber die meisten beließen es bei Worten.

Die gesellschaftliche Arbeit war die Quelle für die ungeheuren finanziellen Mittel, die allgemein in die Entwicklung der Produktion flossen, in den Ausbau der Infrastruktur, in den Wohnungsbau, in die Bildung, die Kultur, den Sport, das Gesundheitswesen, in die Verbesserung des Lebensniveaus der Bevölkerung. Der Staat subventionierte - oder konnte subventionieren - eine Reihe von Konsumartikeln, darunter Brot, sowie Dienste wie den städtischen Verkehr. Die Kosten für die Herstellung, im ersten Fall, und für das reibungslose Funktionieren, im zweiten, lagen höher, als der Verbraucher oder der Benutzer bezahlten. Besonders billig, weil subventioniert, war Kleidung und Schuhwerk für Kinder, und natürlich Spielzeug. Das war eine korrekte Politik, die vor allem das Interesse der Menschen im Blick hatte. Aber sie wurde übertrieben - und damit untauglich -, als sie nicht mehr nur für wichtige Artikel oder Dienste oder für Kinder angewendet wurde, sondern, infolge von Unvermögen oder von veralteter Ausstattung, auch auf unrentabel gewordene Industriebetriebe. Rentabilität der Unternehmen war nicht mehr streng geforderte Voraussetzung. Viele funktionierten, weil der Staat die Verluste bezahlte. Es bestand also kein Anreiz, den Produktionsprozeß zu modernisieren oder zu rationalisieren. Gleichgültigkeit machte sich breit, es kam zu Rückschritten.

Eine korrekte Lohnpolitik gab es ebenfalls nicht. Die Entlohnung war nicht an die Produktivität oder an den guten Absatz geknüpft. Es gab verschiedene Löhne, je nach dem Niveau und der Art der Arbeit, aber es wurde kein Unterschied gemacht zwischen dem fleißigen und dem faulen Arbeiter. Arbeitslosigkeit gab es nicht. Aber vielfach waren mehr Arbeitskräfte vorhanden, als erforderlich, und die Verantwortlichen scherten sich nicht darum, ob die Betriebe, die sie leiteten, rentabel waren oder nicht. Die moralischen und materiellen Anreize, die zur Erfüllung der Norm stimulieren sollten, waren unzureichend.

Wenn der Sinn des Lebens verlorengeht

Raquel Pávez, die nach dem Tode ihres Bruders Héctor in Frankreich blieb, brachte mir ein schönes Geschenk: ein kleines Buch von 120 Seiten, mit einer herzlichen Widmung seiner Autoren: Patricia Latour und Francis Combes. Es trägt den Titel »Gespräche mit Henri Lefebvre«. Diese fanden im Januar 1991, fünf Monate vor seinem Tod, in seinem am Fuße der Pyrenäen gelegenen Haus statt. Sie drehten sich um den Untergang der sozialistischen Regime im Osten, um den Fall der Berliner Mauer und um weitere betroffen machende Themen. Lefebvre hatte kaum Gelegenheit gehabt, sich öffentlich dazu zu äußern, vielleicht, so meinen Patricia Latour und Francis Combes, habe er es auch gar nicht gewollt.

Der französische Philosoph sagt, der Sozialismus sei derzeit gescheitert am Problem des Alltags. Er habe versprochen, das Leben zu verändern, das sei aber nur sehr oberflächlich gelungen. Von daher, so sagt er, die tiefe Abneigung ihm gegenüber. »Die Wunde der kommunistischen Regime«, betont er, »ist, daß alles in ihnen ernst ist, schrecklich ernst. Sie haben es nicht verstanden, für die Menschen ein besseres Alltagsleben zu organisieren. In Ostdeutschland zum Beispiel war das Leben eintönig, einförmig, geprägt von der immergleichen Ideologie.«

»Sie kennen die sozialistischen Länder gut?« fragen Patricia Latour und Francis Combes.

»Ich bin nach dem Krieg in der Tschechoslowakei gewesen«, antwortet Lefebvre. »Es war hart, aber damals hatte alles seinen Sinn. Wenn ein Sinn da ist, kann man alle Schwierigkeiten ertragen.«
Ich meine, Henri Lefebvre schätzt die Situation gut ein.

Das gleiche ließe sich sagen von der ersten Zeit der Russischen Revolution, vom Krieg und vom Aufbau der UdSSR sowie von den 33 Jahren, die Kuba heldenhaft seine Unabhängigkeit und sein Recht verteidigte, den Sozialismus zu errichten. In derartigen Fällen zeigen die Völker eine grenzenlose Fähigkeit zu Kampf und Opfer um einer glücklichen Zukunft, eines höheren Zieles willen. Das russische Volk, die Völker, die die Sowjetunion bildeten, haben in dieser Hinsicht überzeugende Beispiele geliefert.

Aber den Menschen kann solche Hingabe nicht abverlangt werden, wenn sie des Sinnes entbehrt.

Vieles hatte der Sozialismus den sowjetischen Menschen gegeben, aber sie brauchten und wünschten mehr.

Der Sozialismus mußte und muß zeigen, daß er dem kapitalistischen System auf den verschiedensten Gebieten überlegen ist, und deshalb die materiellen und geistigen Bedürfnisse aller Mitglieder der Gesellschaft weitestgehend befriedigen.

Was konnte man nach der Arbeit tun? In Moskau gibt es hervorragende Aufführungen, des Balletts des Bolschoitheaters (Großes Theater) zum Beispiel oder des Obraszow-Puppentheaters oder des Zirkus. Doch wie viele von den 270 Millionen Menschen, die in der Sowjetunion leben, konnten sie sehen und sich daran erfreuen? Das Bolschoitheater faßte nicht mehr als 360 000 Personen im Jahr, und allein Moskau, mit seiner fluktuierenden Bevölkerung, hatte 10 Millionen.

Außerdem waren die Eintrittskarten ständig reserviert für Nomenklaturkader, für Gäste aus aller Welt und für das Diplomatische Corps.

Natürlich waren der Bevölkerung viele andere Veranstaltungen in Theater- und Konzertsälen zugänglich. Es gab das Kino. Moskau ist oder war die Stadt mit den weltweit meisten Kinos pro tausend Einwohner, nicht gerechnet die Säle in den verschiedensten Industriebetrieben, in denen häufig Filme gezeigt wurden. Es gab auch das Fernsehen, mit hohem kulturellem Niveau und frei von Werbung. Des weiteren gibt es die Museen mit ihren reichen Schätzen, die immer gut besucht sind. In die Parkanlagen und zur Vedencha (Ständige Ausstellung der fortgeschrittensten Wirtschaft) eilen täglich, zumal an Feiertagen, Tausende und aber Tausende Moskauer. Daneben gab es den Sport, darunter den Fußball im Sommer, Hokkey, und Skisport im Winter, teilnehmen konnte, wegen der niedrigen Preise, jeder. Wanderungen und Spaziergänge sind in jeder Epoche ein Vergnügen gewesen. Eine kleine Zahl von Menschen widmete sich, auch im Winter, dem Angeln in Flüssen und Dorfteichen. Und viele sammelten im Wald Pilze. Doch all das genügte nicht, wollte man bewußt und schöpferisch die Freizeit nutzen.

An den Fingern abzuzählen waren die guten Cafés und Restaurants, die immer reserviert waren für die Elite des Machtapparates und für die Touristen, die bezahlen konnten, oder für die Sowjetbürger, die über irgendeine Organisation eine Karte erwerben konnten, was soviel bedeutete, wie in der Lotterie zu gewinnen. Und diese Lokale schlossen 23 Uhr; wenn es am schönsten war, mußte man gehen. In weit höherer Zahl existierten die Durchschnittslokale; aber dort aß man schlecht und saß man schlecht. Zwei waren dafür bekannt, daß sich dort die Chilenen trafen. Sie lagen nahe unserem Büro in der Straße der Armenier. Die Genossen hatten das eine »El Cochino« - »Schmutzfink« - genannt und das andere »El Paraguayo« - »Paraguayer« -, das erste aus ersichtlichen Gründen und das zweite, weil man da im Stehen aß.

In einigen anderen sozialistischen Ländern war die Situation besser. In Ungarn zum Beispiel gab es hervorragende Restaurants und Cafés, für die die Besitzer selber verantwortlich waren. Musizierende Zigeuner gestalteten den Aufenthalt angenehm. Das Essen war ausgezeichnet, so daß Pablo Neruda und Migel Angel Asturias zusammen ein Buch schrieben mit dem Titel »Essen in Ungarn«, in dem sie die Köstlichkeiten der ungarischen Küche und die Weine Tokayer und Stierblut preisen. Ich hielt mich in Budapest zu dem Zeitpunkt auf, da sie daran arbeiteten. Einmal aßen wir gemeinsam in einem Restaurant auf der Margareteninsel mitten in der Donau, ein andermal auf einem Berg außerhalb der Stadt. Begleitet wurden wir von Dr. Koref, der zuvor in Santiago gelebt und als Arzt an der Escuela de Medicina der Universidad de Chile Hervorragendes geleistet hatte, sowie von Judith Weiner, die Anfang der vierziger Jahre im Teatro Experimental als Requisiteurin tätig gewesen war und dann bei »El Siglo« im Ressort Frauen arbeitete. Pablo kannte die besten Orte in den jeweiligen Städten, in denen er gewesen, von den Hütten am Río Claro in Talca, wo es Cauque-Fisch und Frösche mit auf heißer Asche gebackenen Tortillas und auf Steinen bereitetes Schweinefleisch gab. Bis zu den Buden auf dem Pariser Flohmarkt, wo es leckere Innereien gab. In den Restaurants auf den Budapester Bergen bestellte er ein Spezialgericht, das ganz besonders zubereitet wurde. Den kleinen Raum, in dem wir uns befanden, betraten plötzlich Kellner mit blitzendem Degen und schönem

Knauf, auf dem der Teller stand, der von der Schneide getrennt war. Und auf dem Teller Rum, und weiter oben, auf der Degenspitze, aufgespießte Fleischstükken, in Likör getaucht. Plötzlich gingen die Lichter aus, an jeden mit Rum gefüllten Teller wurde ein Streichholz gehalten, und die Degen verwandelten sich in beeindruckende Flammenmeere. Das ganze dauerte einige Minuten, danach genossen wir diese Fleischhappen oder Schaschlik.

So etwas gab es in Moskau nicht.

Unvereinbar mit dem Sozialismus schien das Recht des Menschen zu sein, es sich wohl gehen zu lassen und die schönen Seiten des Lebens zu genießen.
Im sowjetischen Sozialismus überwogen die, die sich ganz und gar an die Tradition klammerten, die Anhänger der Schranken oder der dichten Netze gegen alles, was in kultureller Hinsicht vom Kapitalismus kam. Rockmusik war beispielsweise streng verboten, und wer ihn darbieten wollte, mußte sich in die Kellergewölbe in den alten Häusern verziehen.

Unter den Verhältnissen des realen Sozialismus fehlte es dem Alltagsleben an Attraktivität.

Die Hauptverantwortung

Man muß sich klarmachen, daß die Kommunistische Partei der Sowjetunion die Hauptverantwortung am Zusammenbruch des Sozialismus in ihrem Land und in Osteuropa trägt. Die von Lenin gegründete Partei, die Partei, die die umwälzendste Revolution der Menschheitsgeschichte anführte und die ihr Volk drei Viertel des 20. Jahrhunderts hindurch siegreich leitete, hätte ebensolche Kraft und Fähigkeit zeigen müssen, um die Ausbreitung des Übels im Schoß der sowjetischen Gesellschaft und in ihren eigenen Reihen zu verhindern, um rechtzeitig die Verwerfungen zu korrigieren und um schließlich der Perestroika zum Erfolg zu verhelfen. Aber es geschah anders.

Die KPdSU wurde 1898 von Lenin unter dem Namen Sozialdemokratische Arbeiterpartei Rußlands gegründet. Auf dem VII. Kongreß in Petersburg im März 1918 wurde sie in Kommunistische Partei umbenannt. Sie entstand und entwickelte sich als eine aktive Partei, die Millionen und aber Millionen von Männern und Frauen auf den Weg des Sozialismus brachte. Sie war der Meinung - und es konnte gar nicht anders sein -, daß sie das Werk des Volkes sein mußte, das sie erzog, von dem sie aber auch selber lernte und dessen Rat sie einholte. Zu Zeiten Lenins galt das als die goldene Regel. Darin wurzelten ihre Kraft und ihre Erfolge.

Nach Lenin, in dem einen oder anderen Augenblick der Geschichte der Sowjetunion, hielt sich die Partei daran, herrschte dieses Prinzip vor. Unbestritten ist aber, daß später auch die Merkmale auftraten - und dann immer maßgebender wurden -, die ursächlich das Volk von ihr entfernten; das heißt sie hörte auf, eine wahrhaft kommunistische Partei zu sein, verwandelte sich vielmehr in ein bürokratisches Gebilde, in einen Machtapparat, in eine simple Verwaltungsmaschinerie.

Formal lag die Regierung der UdSSR in den Händen des Obersten Sowjets, bestehend aus einer Zweikammern-Legislative, aus der Kammer der Volksvertreter und aus der Kammer der Nationalitätenvertreter. Das war das Parlament der UdSSR. Fest steht jedoch, daß es ihm an wirklichen Möglichkeiten der Machtausübung fehlte. Es trat in der Regel einmal im Jahr zusammen, um ein Bündel von Maßnahmen, die das Präsidium des Obersten Sowjets ihm vorlegte, zu beschließen, ohne daß es zu einer echten Diskussion kam.

In der Zeit der Perestroika wurde ein Parlament geschaffen, das den Namen tatsächlich verdiente, der Kongreß der Deputierten. Mitte 1988 habe ich ihn erlebt. Diskutiert wurde über alles. Die Debatten verliefen nicht steril. Die Abgeordneten brachten interessante oder auch belanglose Dinge vor, beispielsweise ob sie bei der Ausübung ihres Amtes Krawatte tragen sollten. Sie kümmerten sich um die Elektronik beim Auszählen der Stimmen. Diese Technik war ein neues Spielzeug, das ihre Aufmerksamkeit anzog. Verständlich. Sie sammelten Erfahrungen.

70 Jahre lang, jedenfalls die meiste Zeit davon, war die Regierung der UdSSR in den Händen der Partei oder, genauer gesagt, in den Händen des Parteiapparates. Dieser beherrschte alles. Nichts geschah ohne seine Zustimmung, ohne daß von seiner Seite ein Beschluß vorlag.

Als ich zu Beginn meines Exils nach Moskau kam, um mich mit meiner Familie dort niederzulassen, erhielt ich eine Wohnung in einem alten Gebäude in der Gorkistraße, drei Häuserblocks vom Roten Platz entfernt, einem alten Gebäude, in dem Luis Carlos Prestes wohnte, damals Generalsekretär der Kommunistischen Partei Brasiliens. Einige Wochen später mußte ich mich nach einer größeren Wohnung umsehen, weil zwei meiner Töchter, die - eine verheiratet - seit Anfang des Jahres in Moskau lebten, zu uns ziehen wollten. Mit wem sollte ich das besprechen? Wo sollten wir den Wohnungswechsel beantragen? Wer sollte das Problem lösen? Es gab nur eine Antwort: die Partei, deren Zentralkomitee ein spezielles Büro besaß, das sich mit solchen Fragen befaßte. Eine weitere entscheidende Tatsache. Eines Tages rief uns unsere Freundin Julia Araya aus Spanien an; sie war mit ihrem Mann, einem hervorragenden Zahnarzt, von Santiago nach Madrid gegangen. Etwa drei Tage wollten sie in Moskau bleiben. In die Sowjetunion durfte jeder von überallher einreisen, wenn er das mit Intourist oder einer anderen Agentur vertraglich geregelt hatte. Die Agentur organisierte die Reise und die Visa. Alles, was man selber zu tun hatte, war, die Flugkarte zu bezahlen, den Aufenthalt und die Verpflegung. Da Julia und Jorge nicht mit Intourist reisten und in unserer Wohnung unterkommen würden, forderte man uns auf, die Visa zu besorgen. An wen sollten wir uns wenden? Selbstverständlich an die Partei. Über sie regelten wir alles Nötige.

Die Partei ersetzte die Verwaltungsorgane, stand über ihnen. Jahrzehntelang übernahm sie es, das gesamte Leben des Staates zu dirigieren, mit oder ohne Gesetz, in Übereinstimmung oder am Rande des Gesetzes. Wenn die Verfassung ihr, so dachte man, die Rolle der führenden Partei zuspricht, steht es ihr zu, alles zu bestimmen. Die Funktionäre genossen das weidlich.

Formal gab es drei staatliche Gewalten: die Exekutive, die Legislative und die Judikative. In der Praxis gab es eine einzige: die Partei. Wenn der Oberste Sowjet zusammentrat, um über ein Gesetz zu beraten, so wurde dieses stets ohne größere Diskussion gebilligt. Er konnte auf die zuvor eingeholte Zustimmung der Partei bauen, und das genügte.

Diese Ausübung der absoluten Macht hatte böse Folgen. Die Partei wurde über die Gesellschaft gestellt und letztlich an den Rand der Gesellschaft. Sie löste sich schließlich, bar jeder Lebenskraft, auf wie das Salz im Wasser, versank wie ein altes verwittertes und lekkes Schiff. Sie hat ein trauriges Ende gehabt.

Als die chilenische Revolution scheiterte, zitierten die sowjetischen Führer immer wieder ein Wort Lenins, an das man sich strikt halten müsse: »Die Revolution muß sich verteidigen können.« Wer hätte gedacht, daß die größte und wichtigste der Revolutionen nicht von der Partei verteidigt wurde, die sie einst zum Sieg geführt hatte!

Im April 1985 billigte das Plenum des Zentralkomitees der KPdSU die Perestroika; aber es war eher eine formelle, denn eine echte Zustimmung. Gorbatschow hatte mit der Billigung gerechnet, zumindest mit Unterstützung. Er schien der Partei vorauszueilen und teilweise auf seinem Weg behindert zu werden, vom Parteiapparat oder von der Mehrzahl der Mitglieder. Die Partei büßte ihre Geschlossenheit ein, hörte auf, die führende Kraft zu sein, und stürzte in eine tiefe Krise.

Im Plenum vom März 1990, als die Grundpositionen und die Statuten der KPdSU diskutiert wurden, sagte Viktor Chikin, Sekretär der kommunistischen Organisation der Uhrenfabrik in Minsk, die Diskussion wirke auf ihn wie »ein Ärztekonzil am Bett eines Sterbenden«.

1990 erklärten 10 Prozent derer, die aus der KPdSU austraten, ihren Schritt damit, daß die Partei dem Prozeß der Erneuerung der Gesellschaft hinterherhinke. Und laut einer nationalen soziologischen Untersuchung im selben Jahr bezweifelte mehr als ein Drittel der Befragten, daß die KPdSU fähig wäre, sich zu verändern und ihre Rolle als avantgardistische Kraft zu erfüllen. Fast die Hälfte brachte zum Ausdruck, die Partei habe an Prestige erheblich verloren.

Einige sprachen sich für eine Säuberung in ihren Reihen aus und erinnerten daran, daß so etwas auch zu Zeitern Lenins üblich gewesen sei, und es gebe keinen Grund, sie zu fürchten. Die Zeitung »Sozialistitscheskaja Industria« betonte, es könne nur heilsam sein. Doch in diesem Augenblick wolle keiner der Katze die Schellen umhängen.

Elf Tage vor dem Putsch trat das Politbüro der KPdSU zusammen, äußerte sich besorgt darüber, daß die Partei ihren Einfluß auf die Arbeiterbewegung verloren habe, und kündigte Maßnahmen an, um ihre Positionen zu stärken. Doch es war zu spät. Keine Maßnahme wurde ergriffen, konnte ergriffen werden, und wenn es dazu gekommen wäre, hätten sie keine praktische Wirkung mehr gehabt. Es wären Beschlüsse im luftleeren Raum gewesen, und dort wären sie geblieben.

In einem Artikel von A. Ilin in der »Prawda«vom 30. September 1991 hieß es: »Das Schicksal der KPdSU nimmt einen tragischen Verlauf. Seit Beginn der Perestroika blieb die Partei, unmerklich zunächst, dann immer deutlicher, hinter den Erkenntnissen zurück. Sie vermochte nicht, die Politik des Mehrparteiensystems zu akzeptieren, der bürokratische und konservative Charakter ihrer Strukturen blieb erhalten. Das trennte sie von den fortschrittlichen Kräften und führte zum Austritt vieler Mitglieder. Mitte jenes Jahres verlor sie vier Millionen Mitglieder.

Viele von uns berichten über die Krise der Partei in der Erwartung, daß die notwendigen Maßnahmen ergriffen werden. Die Hoffnungen verstärkten sich, als das neue Programm ausgearbeitet wurde, in dem die Organisation, gestützt auf die Analyse der Geschichte, versucht, sie zu erneuern, und, auf dem Wege zu einer neuen Qualität, das Lebensfähige zu bewahren und das bereits Tote wegzutun. Doch dieser Prozeß wurde durch die Ereignisse im August abrupt abgebrochen.

Die Erklärung des Notstandskomitees richtete sich - das muß betont werden -, gegen die demokratische Erneuerung, gegen den Neuaufbau der Partei. Weil man davon ausging, daß unter den Putschisten Mitglieder des Zentralkomitees waren, wurde nach dem Scheitern des Putsches die Partei auf Eis gelegt. Ohne Untersuchungen und ohne Urteile wurde sie für illegal erklärt. Die Strukturen der Partei wurden nach und nach aufgegeben. In einigen der Republiken werden bereits Name und Richtung geändert.«

Aufgrund der Art und Weise, wie die Perestroika begann und welchen Verlauf sie nahm, war sie zum Scheitern verurteilt. Um erfolgreich zu sein, hätte sie von der gesamten Partei, angefangen beim Zentralkomitee, akzeptiert, diskutiert und angenommen werden müssen. Danach hätte sie dem ganzen Volk, in erster Linie den Arbeitern, bekannt gemacht, mit ihm beraten, diskutiert und dann beschlossen werden müssen. So wäre Lenin vorgegangen und die Partei zu Zeiten Lenins oder Stalins im Jahre 1941, vor der faschistischen Aggression, vor der Herausforderung der Geschichte, die die Mobilmachung des gesamten Volkes erforderte, Stalin und die Partei beispielsweise wandten sich an das Volk und verstanden es, dieses

zur Verteidigung des sozialistischen Vaterlands aufzurufen.
Die Perestroika entstand in der Führungsspitze, wurde von der Führungsspitze gebilligt und begann mit Maßnahmen und Dekreten, mit der wenig angemessenen Methode des Forderns und Gehorchens. Die Mehrheit der Sowjetmenschen reagierte wohlwollend, aber sie organisierten sich nicht, man bemühte sich nicht um die aktive Teilnahme der Massen beim tiefgreifenden Prozeß der Erneuerung. Die Partei hatte dabei nicht ihre Rolle als führende Kraft inne. Sie ließ Gorbatschow gewähren. Sie sah zu, wie die Wasser, die sauberen und die faulenden, außer Kontrolle gerieten. Sie gestattete, daß Personen und Gruppierungen auftauchten, die in guter oder böser Absicht, in gutem oder bösem Glauben, ihre Positionen vertraten und den Sozialismus unterminierten.

»Perestroika«und »Glasnost«beendeten das Einparteiensystem, verschiedene politische Parteien mit unterschiedlichen Namen tauchten auf: sozialdemokratische, proletarische, demokratische, grüne, anarchistische, unternehmerische, monarchistische. Viele beobachteten das mißtrauisch, andere mit Interesse und Sympathie. Zu den Korrekturen, die das System dringend erforderte, gehörte die, das politische Monopol zu brechen, auch andere, nichtkommunistische politische Manifestationen anzuerkennen. Weder Marx noch Engels noch Lenin haben jemals behauptet, daß der Aufbau des Sozialismus die Existenz einer einzigen Partei als Bedingung sine qua non voraussetze. Während der Revolution und in den ersten Jahren der Sowjetmacht gab es neben der Partei der Kommunisten die der Sozialrevolutionäre, die sogenannten linken »Eseristen«. Wenn die eine Partei die Vorherrschaft gewann, so deshalb, weil die »Eseristen«sich gegen die Revolution richteten und in das Komplott vom 6. Juli 1918 gegen die Sowjetmacht verwickelt waren, das die Gegner des Abkommens von Brest-Litowsk, des von Lenin ausgehandelten und verteidigten Friedens mit den Deutschen, angezettelt hatten.

So kam es, historisch betrachtet, zur Existenz einer einzigen politischen Partei in der UdSSR. Aber diese Tatsache war 70 Jahre nach der Oktoberrevolution gleichbedeutend mit der Negation des politischen Pluralismus. Politischer Pluralismus ist vor allem, freilich nicht ausschließlich, Folge des gesellschaftlichen Pluralismus, den die Sozialistische Revolution nicht unterdrückt hat und nicht unterdrücken konnte und der in all den Jahren der Sowjetmacht Bestand gehabt hat. Der gesellschaftliche Pluralismus bringt den politischen Pluralismus hervor, wenn auch nicht immer durch ein Mehrparteiensystem. Er ist unter besonderen Umständen möglich, doch nicht auf Dauer. Ist er offiziell nicht erlaubt, wird er sich verborgen halten, und schließlich, unter bestimmten Voraussetzungen, rigoros hervorbrechen.

Was hat es mit den sogenannten Dissidenten auf sich? Einige waren Todfeinde des sozialistischen Regimes, hatten oft Kontakt zu den Geheimdiensten der kapitalistischen Mächte. Andere waren, nicht bösartig, zu Recht oder zu Unrecht mit diesem oder jenem oder mit vielem nicht einverstanden. Sie äußerten rückhaltlos abweichende Meinungen, die, wenn sie auch falsch waren, so doch gehört werden mußten, schon deshalb weil sie sich aus den Schwächen, Schwachstellen oder Vagheiten der sogenannten korrekten Positionen nährten und darum hilfreich dabei sein konnten, Fehler auszumerzen oder auf sie aufmerksam zu machen. Darüber sprach der chinesische kommunistische Führer Liu Shao Shi in einem Artikel, der Mitte der 50er Jahre bei uns kursierte. Er trug die Überschrift »Die

Bedeutung der irrtümlichen Ideen«. Eine gebührende Beachtung der abweichenden Gedanken wäre der sowjetischen Partei durchaus von Nutzen gewesen. Doch es war einfacher und bequemer, sie zu überhören oder gar die einzusperren oder umzubringen, die sie verbreiteten. Mit oder ohne Stalin, der Stalinismus hat großen Schaden angerichtet. Er ist einer der Faktoren für den Untergang der Partei.

Jelzin nutzte die Lage aus und verbot die Partei. Er wurde kommunistischer Führer in Swerdlowsk, einer Stadt mitten im Ural, die nun wieder Jekaterinenburg heißt - dort sind die sterblichen Überreste von Zar Nikolaus, seiner Gemahlin und von ihren während der Oktoberrevolution 1917 hingerichteten Kinder begraben.

Kaum ist Gorbatschow zum Generalsekretär der KPdSU ernannt worden, wird Jelzin im Dezember 1985 Erster Sekretär in Moskau. Im Jahr darauf wird er in das Politbüros gewählt. Auf Veranlassung von Gorbatschow wird er 1988 aber von seinem Amt entbunden. Mitte des folgenden Jahres reist er als Kritiker der neuen sowjetischen Führung in die Vereinigten Staaten, wo er mit allen Ehren empfangen wird. Die italienische Zeitung »Corriere de la Sera«berichtet über seinen Aufenthalt in Nordamerika. Sie schildert ihn als Liebhaber des »dolce vita«, der diese Reise dazu benutzt, Vergnügungen nachzugehen. Die »Prawda«ist so geschmacklos, das nachzudrucken. Wahr oder nicht, was die Parteizeitung veröffentlicht, bewirkt, daß die Leser sich zugunsten von Jelzin äußern.

Ich hielt mich zu dem Zeitpunkt in Moskau auf. Niemand nutzte diese Waffen aus, um ihn zu bekämpfen. Sein Prestige wuchs, zumal als er zurückkehrte und aus dem Flugzeug stieg, bepackt mit einem großen Paket voller Wegwerfspritzen, die in der Sowjetunion Mangelware waren und die er - so sagte er - von den Dollars, welche er in den Vereinigten Staaten für einige Vorträge bekommen, gekauft hatte. Wenig später verzichtete er auf das Recht der Führungskader, sich mit Waren aus Spezialläden zu versorgen und über ein von der Partei oder vom Staat bezahltes Auto mit Schofför zu verfügen. Er verkündete, er und seine Frau werden sich in die Schlange einreihen, um einzukaufen, und künftig werde er mit dem Omnibus fahren wie jedermann. Auf diese Weise stieg seine Popularität noch mehr, er schwebte in den Wolken. Im März 1989 wurde er zum Abgeordneten gewählt. Auf dem Kongreß der KPdSU 1989 löste er sich spektakulär von der Partei, und im Mai wurde er Präsident der Russischen Föderation. Er war eine parallele und zugleich alternative Macht. Er tat das Seine, um die Autorität Gorbatschows nach und nach zu untergraben. Der Putsch von Janajew am 19. August erleichterte ihm das Umsetzen seiner Pläne. Er nutzte die Panik aus und verbot die Existenz kommunistischer Organisationen in den Betrieben, im KGB und in der Armee. »Am 23. August, einem Donnerstag, unterzeichnete er«, so berichtete »Le Monde«, »vor den Augen Gorbatschows das Dekret, das die Aktivitäten der KPdSU in der Russischen Föderation untersagte, und forderte ihn auf, es zu unterschreiben.

›Trotz des Respekts, den ich Ihnen gegenüber empfinde, Boris Nikolajewitsch‹, betonte Gorbatschow, ›muß ich Ihnen sagen, daß nicht alle Mitglieder der Kommunistischen Partei Rußlands den Putsch unterstützt haben. Es wäre ein Fehler, die Partei zu verbieten.‹ ›Es handelt sich nicht um ein Verbot, es handelt sich um ein Aussetzen der Aktivitäten der Partei‹, erwiderte Jelzin.«

Anderntags trat Gorbatschow von seinem Posten als Generalsekretär der Partei zurück.

Die Verantwortung für das entstandene Desaster liegt bei Gorbatschow und der Führungsspitze der Partei, freilich nicht aller führender Kräfte und schon gar nicht der Mitglieder. In ihrer überwiegenden Mehrheit sind die sowjetischen Kommunisten sehr gute, hochherzige Menschen mit sauberen Händen, erprobte Patrioten, aufrechte Kämpfer für den Sozialismus. Gerade im Parteiapparat, in der Abteilung Internationale Beziehungen, bin ich ausgezeichneten Menschen begegnet.

Die Kommunistische Partei der Sowjetunion existiert nicht mehr. Ihre bis zum Putsch am 19. August bestehenden Strukturen sind zerbrochen, ihre Mitglieder haben sich von ihr gelöst. Viele haben jegliche politische Aktivität aufgegeben. Andere schließen sich heute in verschiedenen Parteien zusammen, die auf ihre Weise versuchen, eine revolutionäre kommunistische Plattform zu errichten. In einem Aufruf, unterzeichnet von dem Philosophen Butenko, von dem Akademiker Wolowjew, von dem Geschichtswissenschaftler Danilow und von dem Philosophen Kelle heißt es: »Man kann alle Denkmale der revolutionären Epoche, alle Lenin und seinesgleichen gewidmeten Museen schließen, die Namen von Städten und Straßen ändern, die Symbole des Vaterlands auswechseln, doch die Wurzeln des Sozialismus in unserer Geschichte und unserem Denken können nicht herausgerissen werden. Privatisierung und Marktwirtschaft wird es nicht gelingen, alle reich zu machen. Die sozialistischen Ideen werden nicht sterben.« Die vier Wissenschaftler unterstützen die Idee, eine neue Partei zu gründen, die, ohne die Übel, die den Untergang der KPdSU herbeiführten, die soziale Gerechtigkeit zum Ziel hätte. Es gibt verschiedene Initiativen, die darauf verweisen, daß eine solche Partei im Leben Fuß fassen und einen guten Weg beschreiten könnte.

Die geopferte DDR

Die bloße Ankündigung der Perestroika hatte in Osteuropa ein breites Echo. Die sozialistischen Länder in dieser Region waren, mit Ausnahme von Jugoslawien, durch enge wirtschaftliche, politische und militärische Beziehungen verbunden. Das jeweilige Gesellschaftssystem war nicht exakt das gleiche wie in der Sowjetunion. Es gab selbstverständlich gewisse Unterschiede in den Strukturen des Staates und der Eigentumsverhältnisse. Dennoch waren die sozialistischen Staaten lediglich Varianten des Modells. In ihnen allen war es zu einer entscheidenden Zentralisierung der Macht gekommen, die in den Händen der Partei lag.

Was dringlich erforderlich war für die Sowjetunion - die Reformierung des Sozialismus -, war auch in jenen Gesellschaften geboten, die im wesentlichen aus dem gleichen Holz geschnitzt waren. Formal begrüßten die kommunistisch regierten Länder in Osteuropa die Perestroika. Sie fragten sich, was geändert werden mußte und was beim alten bleiben konnte. In keinem von ihnen gab es uneingeschränkte Zustimmung. Nicht wenige Führer und Staatsmänner empfanden die eigene Schuld und hatten Angst. Die SED verhielt sich zögerlich. Mehr noch, sie wollte die Perestroika nicht, weil sie befürchtete, daß Gorbatschow, wie der Zauberlehrling, Dämonen freisetzen könnte.

Der größte Teil der Bevölkerung Osteuropas beobachtete die Perestroika mit Sympathie und hielt es für unerläßlich, daß es auch in ihren Ländern zu wichtigen Veränderungen käme, die die Situation des Sozialismus verbesserten. Die Notwendigkeit, etwas zu verändern, zeigte sich mit aller Deutlichkeit. Doch die Führungsspitze der Parteien widersetzte sich dem. Sie nahm die Fahne der Änderung nicht auf. Die ging in andere Hände über, in die Hände von Leuten mit unterschiedlichsten Auffassungen, Kommunisten und Nichtkommunisten, Anhängern und Feinden des Sozialismus, und gerade diese letzten wurden zur einflußreichsten Kraft. Dies war die Entwicklung und die Richtung, die die Ereignisse in der Sowjetunion und in den anderen sozialistischen Ländern in Europa nahmen.

Der real existierende Sozialismus begann zuerst in der Sowjetunion auseinanderzubrechen und dann in den anderen Ländern, was den Prozeß ihres Untergangs beschleunigte. Der Einfluß war wechselseitig. Im Falle der Deutschen Demokratischen Republik ist das absolut klar und dramatisch. Moskau erleichterte die Auslieferung der DDR. Sie wirkte als Boomerang: Sie trug zur Auflösung der Sowjetunion bei.

Das Verschwinden der DDR war besonders schmerzlich für uns, die wir sie kennen- und schätzengelernt hatten. Lange vor dem Militärputsch 1973 hatte es gute Beziehungen zwischen den Chilenen und den Deutschen im Osten gegeben. Schon während der Regierungszeit des Präsidenten Frei wurden Handelsbeziehungen zwischen Berlin und Santiago geknüpft. Harry Spindler, der letzte Botschafter der DDR in Chile, bevor er nach Havanna ging, verwaltete das Handelsbüro seines Landes in Santiago. Als Salvador Allende zum Präsidenten gewählt wurde, war die Deutsche Demokratische Republik bereits ein Staat, der durch seine wirtschaftliche Entwicklung und durch seine sozialen Fortschritte eine Rolle in der Welt spielte. Doch für die Gemeinschaft der Nationen existierte sie noch nicht. Zu ihrer Anerkennung kam es, nachdem die chilenische Regierung, die Regierung Salvador Allendes, diplomatische Beziehungen zu ihr aufgenommen hatte. Um in die Vereinten Nationen aufgenommen zu werden, mußten zuvor 29 Staaten ihre Anerkennung beschlossen haben. Chile war der 28. Staat, der vorurteilslos und offen Ostdeutschland das Recht zusprach, einen Sitz in der Organisation der Vereinten Nationen einzunehmen. Die DDR brachte uns seitdem stets ein Gefühl des Dankes entgegen.

Nach dem Putsch 1973, der die chilenische Demokratie in Blut ertränkte, öffnete die DDR allen Chilenen, die auf ihrem Territorium Schutz suchen wollten, ihre Türen. Sie rettete Carlos Altamirano das Leben, einem der elf von den Pinochetschergen meistgehaßten und -gesuchten Männer. Er wurde, versteckt im Kofferraum eines Autos mit Diplomatenkennzeichen, außer Landes geschafft. Der Sitz der Sozialistischen Partei im Ausland war während der Zeit der Diktatur in Berlin. Lange befanden sich hier auch die Büros des Auswärtigen Amtes der Unidad Popular. Über Jahre hin lebten hier viele Genossinnen und Genossen, Arbeiter, politische Führer der Basis, mit mittlerer oder hoher Verantwortung, Intellektuelle und Künstler. Von den bekanntesten seien nur genannt: die Sozialisten Clodomiro Almeyda, Rolando Calderón, Hernán del Canto, María Elena Carrera, Jorge Arrate, Carlos Altamirano, Ricardo Núñez, Camilo Escalona; die Kommunisten Jorge Insunza, Manuel Cantero, Víctor Contreras, Samuel Riquelme, Carlos Toro, Carlos Andrade, Sergio Insunza, Moisés Ríos, Inés Cornejo, Aída Figueroa, Norma Hidalgo, Silvia Costa; sowie Juan Carlos Concha und Enrique Correa, damals Mitglieder der MAPU, heute Sozialist beziehungsweise Kommunist; außerdem Angela Jeria, Patricio Bunster, Hilda Riveros, Fernando García, Aníbal Reyna, Hugo Díaz und andere Landsleute.

Aber mehr noch als ein Gefühl der Dankbarkeit gegenüber den Chilenen war es ihr zutiefst antifaschistischer Geist und ihre echte internationalistische Gesinnung, die die DDR veranlaßte, sich während der Jahre der Diktatur mit unserem Volk uneingeschränkt solidarisch zu erklären und dies auch zu praktizieren. »Solidarität trägt zum Sieg bei«, lautete eine Losung der SED. Die Führer der DDR, angefangen bei Erich Honecker, hatten, der eine mehr, der andere weniger, am eigenen Leib den Faschismus erlebt und erlitten und betrachteten es als eine Pflicht des Gewissens und des Herzens, sich mit den chilenischen Antifaschisten zu solidarisieren. Sie waren der Überzeugung - warum dies nicht aussprechen -, daß die chilenische Tragödie ihnen die Gelegenheit bot, neuen Generationen in ihrem Land die antifaschistischen und internationalistischen Gedanken und Praktiken nahezubringen. Die Befreiung chilenischer Häftlinge wurde zur alltäglichen Sorge von Millionen und aber Millionen Ostdeutscher, einschließlich der Kinder in den Grundschulen. Hunderttausende von Schülern schickten Briefe in das Konzentrationslager von Tres Alamos und forderten meine Freilassung. Natürlich wurde mir nicht ein einziger ausgehändigt.

Ich befand mich im Lenin-Sanatorium am Schwarzen Meer, als die Feierlichkeiten anläßlich des 40. Jahrestages der Deutschen Demokratischen Republik begannen. Ich verfolgte die Zeremonie am Bildschirm. Als erster sprach Erich Honecker, dann Michail Gorbatschow. Zu dem Zeitpunkt herrschte große Aufregung darüber, daß Hunderte oder Tausende von Ostdeutschen über Ungarn, Österreich oder die Tschechoslowakei das Land verließen. Die führenden Männer in

Luis Corvalán im Gespräch mit Georges Marchais

Luis Corvalán mit Erich Honecker in Berlin

Luis Corvalán im Gespräch mit Hermann Axen

In Georgien mit Eduard Schewardnadse

Mit Karl-Heinz Kaiser im Hause Honecker, Santiago de Chile 1993

den großen kapitalistischen Staaten forderten und verteidigten das Recht der Ostdeutschen, überallhin zu reisen. Der Druck auf die Regierung in Ostberlin war gewaltig. Unter diesen Umständen sagte Gorbatschow in seiner Rede: »Die Deutschen müssen ihre Probleme selber lösen.« Die Kamera zeigte plötzlich das strahlende Lächeln Honeckers, der in diesem Augenblick glückliche Zustimmung zu diesem Satz ausdrückte. Zweifellos glaubte Honecker, Gorbatschows Äußerung bedeute, daß die Sowjetunion nichts tun werde, was das Spiel der Westdeutschen gegen den Sozialismus erleichtere und die souveränen Rechte der Regierung der DDR einschränke. Auch ich glaubte das. Großer Irrtum. Wenn die Worte nicht deutlich genug sind, hört man manchmal, was man hören will. Die Tatsachen und die nachfolgenden Ereignisse zeigten, daß diese Erklärung zum Inhalt hatte, die DDR praktisch ohne sowjetische Unterstützung zu lassen, sie den Pressionen Westdeutschlands und der kapitalistischen Welt auszusetzen.

Kurze Zeit später nahm die Regierung in Moskau, genauer gesagt Gorbatschow, eine Haltung ein, die offen die Vereinigung Deutschlands befürwortete. Im Sommer 1990 war alles ganz klar, als Kanzler Helmut Kohl in den Kaukasus reiste, wo Gorbatschow seinen Urlaub verbrachte und sich offiziell dafür aussprach.

»Warum wurde die DDR ausgeliefert?«fragte ich den Parteisekretär in Baschkirien, der autonomen asiatischen Republik, der während des in Valparaíso stattfindenden Kongresses der Sozialistischen Partei als Delegierter der Kommunistischen Partei der Sowjetunion in Chile weilte.

Bevor er nach Moskau zurückkehrte, besuchte er mich in Begleitung Michail Kudaschkins, der Nummer zwei in der Botschaft der UdSSR in Santiago während der Regierung Allendes und danach lange Jahre tätig in dem Sektor Lateinamerika in der Abteilung Internationale Beziehungen der KPdSU. Die Frage war mir plötzlich herausgerutscht und ließ meine sowjetischen Freunde erstarren und nach einer floskelhaften Antwort suchen.

Unter den Kommunisten gab es etliche, die diese Verfahrensweise hart attackierten. Gorbatschow, so sagte man, lieferte die DDR für ein Linsengericht aus, im Austausch für die Millionen, die Moskau von Bonn erhielt, um die Rückkehr der in Ostdeutschland stationierten sowjetischen Soldaten zu bezahlen. Andere denken, daß das der Preis war für die Entspannung und daß er diesen Schritt in der Absicht tat, den Kalten Krieg zu beenden und um von seinem Land die schwere Last der Rüstung zu nehmen.

Die Teilung Deutschlands liegt in der Verantwortung der Westmächte, nicht in der der Sowjetunion oder der deutschen Kommunisten. Als sich die Niederlage Hitlers abzeichnete, im Februar 1945, trafen sich in Jalta die Chefs der Alliierten, Roosevelt, Churchill und Stalin, ersterer schon schwerkrank. Die drei Großmächte verständigten sich darauf, Hitler die bedingungslose Kapitualtion nahezulegen und Deutschland auf unbefristete Zeit zu besetzen und währenddessen seine Entmilitarisierung zu betreiben. Das deutsche Territorium wurde in vier Zonen geteilt: die nordamerikanische, die britische, die französische und die sowjetische. Nach einiger Zeit verständigten sich die drei ersten unter sich. Vom 17. Juli bis zum 2. August 1945, also reichlich zwei Monate nach Beendigung des Krieges, trafen sich die Regierungschefs der Anti-Hitler-Koalition ein weiteres Mal, diesmal in Potsdam. Dort wurden die Abkommen von Jalta unterzeichnet, eingeschlossen das über den Prozeß gegen die Naziverbrecher, der später in Nürnberg stattfinden sollte, sowie das Versprechen besiegelt, gemeinsam für ein einiges, demokratisches, vereintes Deutschland zu wirken. Bereits vier Jahre danach wurde das Versprechen gebrochen, als im September 1949 die westlichen Besatzungsmächte daran arbeiteten, die Bundesrepublik Deutschland zu gründen, wobei sie sich auf die deutsche Reaktion stützten, deren herausragendste Gestalt, Konrad Adenauer, Vorsitzender der Christlich-Demokratischen Partei, betonte, ein geteiltes Deutschland sei besser als ein ungeteiltes. In dieser Situation blieb nichts weiter übrig, als einen zweiten Staat, und zwar in der von der sowjetischen Armee besetzten Zone, zu errichten. Die Deutsche Demokratische Republik entstand also als Folge der einseitig von den Westmächten getroffenen Entscheidung, einen kapitalistischen Staat zu schaffen, einen Verbündeten, mit Parlament, eigener Polizei und eigener Währung. Und wie nicht anders zu erwarten, schlug die DDR den Weg zum Aufbau des Sozialismus ein.

Die DDR enstand in dem ökonomisch am weitesten zurückgebliebenen Teil Deutschlands, auf einem Gebiet von 108 000 Quadratkilometern, kleiner als unsere zweite Region, unsere alte Provinz Antofagasta. Mit ihren 16 Millionen 600 000 Einwohnern wurde sie zu einem der zehn wichtigsten Industrieländer der Welt. Ihre Land- und Viehwirtschaft konnte, zu einem beträchtlichen Teil, den Bedarf der Bevölkerung abdekken, deren Pro-Kopf-Einkommen sich in den letzten 18 Jahren vor dem Zusammenbruch sich verdoppelt hatte. Sie war das sozialistische Land mit dem höchsten Lebensstandard. Wie erklärt es sich also, daß sie zurückgekehrt ist auf den Weg des Kapitalismus oder, anders gesagt, daß sich ein Großteil ihrer Bevölkerung gegen das System gewandt hat?

Versuchen wir eine Antwort.

Man darf nicht vergessen, daß die DDR an der Nahtstelle zwischen den beiden Welten lag und neben einem der am weitesten entwickelten kapitalistischen Länder Europas. Ihre Bevölkerung war einem ständigen ideologischen, politischen und psychologischen Druck ausgesetzt, inszeniert und finanziert von den mächtigsten kapitalistischen Staaten. Sechs der acht Fernsehkanäle in der DDR stammten von der anderen Seite. Aber es ging nicht nur um das Fernsehen. Auch Film, Video, Schallplatte, Radio, Presse - alle einflußreichen Massenmedien in Westdeutschland standen im Dienst dieser propagandistischen Flut, die versuchte, das fröhliche und glückliche Antlitz eines Teils der in der kapitalistischen Gesellschaft lebenden Menschen zu verkaufen. Unnötig, zu betonen, daß all das Eindruck vor allem auf die Jugend machte, die den Angelhaken gern schluckte und sich von dem Licht, das der Westen ihr zeigte, blenden ließ. Die Jeans beispielsweise, diese praktische, strapazierfähige und für Jugendliche bestens geeignete Kleidung, waren äußerst begehrt, wurden als Schwarzmarktartikel und Schmuggelware gehandelt, waren der Neid vieler Jungen und Mädchen, die überhaupt nicht verstanden, warum sie im Kapitalismus hergestellt wurden, nicht aber im Sozialismus. Zu denen, die sich von dem Flitter der anderen Seite blenden ließen, gehörten auch jene Fachleute, die in den Westen gingen, weil sie dort höhere Einkommen hatten und die Möglichkeit, nach Herzenslust zu reisen. Aber es gab auch Fachleute, die die Idee des Sozialismus uneingeschränkt vertraten und dennoch unzufrieden waren aufgrund von Schwierigkeiten, die es zu bewältigen galt - und die mitunter unüberwindbar waren -, wenn sie an Fachkongressen und Fachbegegnungen im Westen teilnehmen wollten.

Als die Krise begann, meldeten sich Nachfahren alter Landbesitzer, Industrieller und Kaufleute, die sich zum Ziel setzten, im aufgewühlten Wasser zu fischen, was ihnen schließlich auch gelang.

Offenkundig gab es weitere Störungen und Mängel im sozialistischen deutschen Staat. Ein Teil der Industrie war veraltet, denn der technologische Fortschritt der letzten Jahre war nicht voll integriert worden. Außerdem hatte die Partei die Monopolstellung im Machtapparat inne. Die anderen politischen Gruppierungen, die sich in der Nationalen Front zusammengeschlossen hatten und im Parlament vertreten waren, wurden entweder nicht genügend ernst genommen oder sie ließen sich vor den Karren der mächtigsten Partei spannen und verloren auf diese Weise ihre Identität, oder beides in gleichem Maße. Das Übel der Bürokratie und der Verlust des Kontaktes zu den Massen kamen hinzu.

Anfangs, vor allem in den 50er Jahren, hatte die DDR die deutsche Vereinigung auf ihre Fahnen geschrieben. Ihre Losung lautete: Einheit und gerechter Frieden. Damals schlug sie eine deutsche Konföderation vor, geschaffen auf demokratischer und friedlicher Basis, ohne daß einer der beiden Staaten sein Gesellschaftssystem dem anderen aufzwingen könnte. Doch sie setzte sich nicht durch. Vielmehr war sie im Laufe der Jahre überzeugt, daß die Teilung des Landes unumkehrbar sei, zumindest auf absehbare Zeit, also für die gegenwärtige Generation. Auf diese Weise schwand das Bewußtsein der Verantwortung für die Teilung bei den Westdeutschen, und es entstand der Eindruck, alleinige Schuld habe das Regime der Kommunisten. Natürlich hatte das Einfluß auf den Verlauf des Geschehens in Deutschland.

Freilich änderte sich auch die offizielle Haltung in Moskau. In der »Geschichte der Kommunistischen Partei der Sowjetunion«, nach dem XX. Parteitag der KPdSU in veränderter Auflage erschienen, heißt es:

»Weil es auf dem Territorium Deutschlands zwei unabhängige Staaten mit unterschiedlicher Gesellschaftsordnung gibt, kann die Vereinigung nicht dadurch zustande kommen, daß sich ein Teil den anderen einverleibt. Zustande kommen kann sie nur durch das deutsche Volk selber, also durch Verhandlungen zwischen der Deutschen Demokratischen Republik und der Bundesrepublik Deutschland.« Mit Gorbatschow an der Spitze der Partei und des Staates billigte der Kreml schließlich eine Vereinigung »durch die mechanische Eingliederung eines Teils von Deutschland in den anderen«, ohne echte Verhandlungen zwischen den beiden Staaten und ohne ein Wort darüber zu verlieren, daß der größere Fisch den kleineren verschlingen wird«.

Wie Honecker kurz vor Verlassen der Chilenischen Botschaft in Moskau seinen Freunden gegenüber erklärte: »Die Vereinigung wäre ohne die Zustimmung Rußlands nie möglich gewesen.«

Kohl hatte einen Dreistufenplan für die deutsche Vereinigung erarbeitet. Er sah die Schaffung einer Konföderation zwischen beiden deutschen Staaten vor. »Wie er vor Journalisten darlegte«, so schrieb Hal Piper in der »Baltimore Sun« am 1. Dezember 1989, »könnte der Prozeß der Vereinigung mehrere Jahre dauern und würde nicht voraussetzen, daß einer der beiden Staaten sich aus seinem Militärbündnis herauslöst, weder Westdeutschland aus der NATO noch Ostdeutschland aus dem Warschauer Pakt.« Noch hatte Gorbatschow Kohl nicht sein Ja gegeben. Nachdem das geschehen war, ging der Bonner Kanzler von seinem Dreistufenplan ab und machte sich daran, die DDR in einem einzigen Happen hinunterzuschlingen. Einfach so. Es hat keine wirklich demokratische Vereinigung gegeben. »Die Vereinigung hätte nicht häßlicher und ungerechter zustande kommen können«, schrieb ein Jahr später Günter Grass, der berühmte Autor der »Blechtrommel«, der sich darüber beklagte, daß nicht der Weg des Dialogs beschritten worden ist, daß vielmehr der größere Staat den kleineren geschluckt hat. »Nichts wächst zusammen«, monierte er, »es vertieft sich, was uns trennt.« Verschuldet durch Käufe auf Raten und durch Kredite, frustriert durch das Schlangestehen vor Arbeitsämtern, dem neuen, strengen Rechtssystem ausgeliefert, verängstigt und bis zur Würdelosigkeit erniedrigt, betrachten sich viele neue Bürger des so geschaffenen Staates als angeschmiert und irritiert«, sagt er am Schluß, »und das hebt unseren Anspruch auf, eine kulturvolle Nation sein zu wollen.«

Ausländerhaß - Fremdenfeindlichkeit - und die neonazistischen Organisationen finden in diesem Umfeld einen günstigen Nährboden.

Die Deutschen sind unzufrieden. Die aus dem Osten sind Opfer einer ungerechten Behandlung, was die Entlohnung anbelangt. Seit 1990 ist die Bevölkerung auf dem Territorium der ehemaligen DDR um zwei Millionen zurückgegangen.

Es fand keine Vereinigung, sondern eine Annexion statt.

Die Berliner Mauer

Die Geschichte Berlins ist ähnlich. Auf dem Teritorium der DDR liegend, war Berlin ebenfalls von den Armeen der Siegermächte des Zweiten Weltkrieges besetzt worden. Die von den Nordamerikanern, den Engländern und den Franzosen kontrollierten Sektoren hatten eine gemeinsame Verwaltung geschaffen und damit Berlin-West. Dieser Teil gehörte nicht zur BRD, zumindest rechtlich gesehen. Dennoch nahm er den gleichen Weg, den auch Westdeutschland genommen hatte, es wurde eine eigene Regierung eingesetzt und als Währung die Mark der Bundesrepublik vereinbart.

Berlin hatte sich in eine Basis westdeutscher Agenten verwandelt. Franz Joseph Strauß, damals Verteidigungsminister der Regierung in Bonn, sagt in seinen Erinnerungen, die Kriegsgefahr sei eine reale Möglichkeit gewesen, und die BRD habe zu der Zeit auch an den Bau der Atombombe gedacht. Die Länder des Warschauer Paktes konnten die Hände nicht in den Schoß legen und zulassen, daß die Grenzen geöffnet blieben. Die Situation war so ernst, daß die Westmächte erst einmal schwiegen, als sie über Nacht, vom Sonnabend zum Sonntag, am 13. August 1961 ausgesperrt wurden Die Entscheidung über den Bau hatte der Politische Rat des Warschauer Paktes einstimmig auf einer Tagung gefällt, die einen Monat zuvor in der sowjetischen Hauptstadt stattgefunden hatte. An der Beratung hatten der sowjetische Botschafter in Berlin, Perwuchin, und der Oberbefehlshaber der in der DDR stationierten sowjetischen Truppen, Marschall Jakubowski, teilgenommen.

Perwuchin, ein hervorragender Politiker, war Mitglied des Präsidiums des Zentralkomitees der KPdSU. Ich lernte ihn 1956 auf dem XX. Parteitag kennen. Im Jahr darauf wurde eine Verschwörung gegen Chrustschow aufgedeckt, die Bildung einer gegen die Partei gerichteten Gruppe innerhalb des Präsidiums, bestehend aus Malenkow, Kaganow und Molotow. Zwei weitere Mitglieder des Präsidiums, Bulganin und Perwuchin, wurden beschuldigt, mit den Verschwörern zusammengearbeitet zu haben. Chrustschow, der die Verbrechen Stalins aufgedeckt hatte, auch die entsetzlichen Razzien unter Parteiführern, erledigte sich seiner Widersacher und Gegner auf andere Weise. Bulganin wurde als Marschall der Sowjetunion in den Ruhestand versetzt. Molotow wurde als Botschafter in die ferne, freundschaftlich verbundene Mongolei, nach Ulan Bator, gesandt. Und Perwuchin, der mehr Glück hatte, wurde als Botschafter nach Ostdeutschland geschickt.

Ein weiterer Grund führte zum Bau der Mauer. In der DDR war die soziale Lage instabil. Zahllose Fachleute, Studenten und andere hochqualifizierte Bürger der DDR gingen in den Westsektor Berlins, wo höhere Gehälter gezahlt wurden. In Ostdeutschland war ein erheblicher Mangel an Handwerkern spürbar. Unter diesen Umständen wandte sich Walter Ulbricht als Generalsekretär der SED an die Sowjets und bat sie, ihm Arbeitskräfte zur Verfügung zu stellen. Moskau weigerte sich. Die UdSSR war eine der Siegermächte, diejenige, die den größten Anteil an der Zerschlagung des Hitlerfaschismus gehabt hatte. Er war der Meinung, so Nikita Chrustschow in seinen Memoiren, daß es nicht anginge, wenn seine Arbeiter die Toiletten der Deutschen reinigten, auch wenn es Ostdeutsche wären. Was tun in solcher Situation? Man beschloß eine strenge Grenzkontrolle und entschied sich deshalb für den Bau der Mauer.

Der inzwischen verschollene radikale Politiker Alberto Baltra Cortés, der Wirtschaftsminister in der Regierung Jorge Alessandris gewesen war, Senator in Bíobío, Malleco und Cautín, Dekan der Hochschule für Ökonomie an der Universidad de Chile und Präsidentschaftskandidat bei den Wahlen 1970, hatte im Oktober 1961, zwei Monate nach ihrem Bau diesseits und jenseits der Berliner Mauer gestanden. In seinem Buch »Drei Länder der sozialistischen Welt«befaßt er sich durchaus seriös und kenntnisreich mit dem Problem. Anfangs gibt er zu bedenken, daß die Zuwachsrate der deutschen Bevölkerung im arbeitsfähigen Alter stagniere, darum sei das Handwerkerproblem eine entscheidende Frage. Beabsichtige man, die DDR zu schwächen, brauche man ihr nur Arbeitskräfte zu entziehen. Von daher war es lebensnotwendig, die arbeitende Masse zu verteidigen. »Andernfalls hätte man sich blind und unwissend gestellt; oder hätte gleichgültig mitangesehen, wie die DDR ausgeblutet wird.« Dann spricht der radikale Politiker über das Problem, die Hauptstadt (Berlin-Ost) als einen Markt zu erhalten, der für eine Währung geöffnet bleibt, die stärker ist als die eigene. »Für den Einwohner von Westberlin«, schrieb Baltra, »lohnte es sich, seine Einkäufe im sozialistischen Berlin zu tätigen.« In jeder Wechselstelle wurde eine Westmark für fünf Ostmark gehandelt. Auf diese Weise versorgten sich viele Westberliner billiger in Ostberlin und schränkten dadurch die Versorgungsmöglichkeiten des Ostsektors von Berlin ein. In seinem Buch erzählt Alberto Baltra, daß in Westberlin eine Langspielplatte 36 Mark kostete, im sozialistischen Berlin nur 11 Mark. »Der Westberliner bekam also für etwas mehr als zwei Westmark die elf Mark in einer Wechselstelle und kaufte die Platte letztlich für nur zwei Mark und einige Pfennige. Und all das dank eines künstlichen Wechselkurses, der mit eindeutig politischen Zielen manipuliert wurde.« Baltra unterstreicht, daß die DDR aus den genannten Gründen Verluste in Höhe von 3 500 Milliarden Mark im Jahr erlitt, eine Summe, mit der jährlich 120 000 komfortable Wohnungen hätten gebaut werden können.

Die Mauer wurde gebaut zum Schutze der Grenze eines souveränen Staates. Die Verletzung der Grenze war selbstverständlich ein Delikt, wie es die Verletzung der Staatsgrenze eines jeden Landes in der Welt ist. Die Art und Weise, auf dieses Delikt zu reagieren, ist Angelegenheit des jeweiligen Staates, und sie muß, egal, wie sie ausfällt, respektiert werden. Und auch die Regierung der Deutschen Demokratischen Republik benötigte keinen, der ihr ausdrücklich gestattete, zu schießen. Dergestalt auf illegalen Grenzübertritt zu reagieren, ist nicht ungewöhnlich in der Welt und beispielsweise üblich an der Grenze zwischen den Vereinigten Staaten und Mexiko. In Chile wurde während der Pinochet-Diktatur auf Befehl des Diktators auf Leute geschossen, ohne daß die Grenzverletzung dabei ins Spiel kam und ohne daß ein Gesetz zugrunde gelegt wurde, man berief sich einfach auf das sogenannte »Fluchtgesetz«, das es in der chilenischen Rechtsprechung nicht gibt. Pinochet wandte es in Hunderten von Fällen erfolgreich an, mit der Besonderheit, daß die »Flucht«erfunden worden war, um Oppositionelle aus dem Hinterhalt umzulegen. Darüber sagen die kein Wort, die in den Bonner Chor gegen Honecker einfallen. Die Welt erinnert daran, daß dieser mit allen einem Staatschef zustehenden Ehren von der Bundesrepublik empfangen worden ist, auch von Helmut Kohl. Mit welchem Recht maßt sich die Bonner Regierung also an, einen Exstaatschef zu verurteilen, zu dem sie offizielle Beziehungen unterhielt? Eine solche Verurteilung verbieten die international üblichen Normen und Praktiken sowie der Umstand, daß der sozialistische deutsche Staat untergegangen ist.

Die in den Händen des Kapitalismus befindlichen Massenmedien, die konkurrenzlos weltweit bestimmend sind, haben die Wahrheit über die Berliner Mauer so sehr verbogen, daß diese in den Augen der Mehrheit der Menschen als Symbol der Unterdrükkung und des Auslöschens der Freiheit erschien. Stükken oder Steine aus der Mauer werden von manchen Menschen wie Reliquien gehütet. Auch in unser Land hat jemand ein Stück mitgebracht; es wird im Kunstmuseum aufbewahrt; es regte übrigens zu einem Malwettbewerb an, der, glaube ich, die »Barbarei«, sie gebaut zu haben, unsterblich machen sollte oder auch das »Ereignis«, daß sie niedergerissen worden war. Es kam nicht zu dem Wettbewerb; nur zwei Personen fanden sich zur Teilnahme bereit, und er wurde abgeblasen.

Als die Feierlichkeiten zum 40. Jahrestag der DDR zu Ende gingen, flog ich von Sotschi nach Berlin. Volodia Teitelboim, der extra aus Chile gekommen war, um daran teilzunehmen, hatte mich telefonisch gebeten, ihn zu begleiten. Ich folgte seiner Bitte. Ich kam gewissermaßen zum Nachtisch, der nicht gerade süß war. Volodia und ich begaben uns vom Hotel aus in den Palast der Republik, wo die geschlossene Veranstaltung stattfinden sollte, in einem Augenblick, da Hunderte oder Tausende Gegner des Regimes auf der Straße waren und ihre Proteste schrien. Unsere deutschen Freunde bahnten uns mühsam einen Weg. Zwei

Monate zuvor war ich in der DDR gewesen, ich hatte jenseits der Mauer im Chilenischen Konsulat meinen Paß holen müssen, mit dem ich legal in mein Land zurückkehren konnte. Schon hatte der Flüchtlingsstrom eingesetzt, und Stimmen waren laut geworden, die die Lockerung der Bestimmungen bei Reisen ins Ausland forderten. Doch die Stabilität der DDR stand nicht in Gefahr, wir merkten jedenfalls nichts davon.

Später überstürzten sich die Ereignisse in Deutschland, entwickelten sich rascher, als Kohl, der Bonner Kanzler, erwartet hatte.

Vom 8. bis 10. November 1989 tritt das Zentralkomitee der Sozialistischen Einheitspartei Deutschlands zusammen. Es ist das erste Plenum nach dem Rücktritt Honeckers. Dieser ist nicht anwesend. Anwesend hingegen ist Margot Honecker, seine Frau und Mitglied des Zentralkomitees und Bildungsministerin der DDR. Es werden neue Vorschläge über Reiseerleichterungen diskutiert. Die Journalisten warten auf eine Mitteilung für die Presse. Sie sind zu einer bestimmten Zeit bestellt worden, aber die Sitzung dauert länger, als vorgesehen. Dann tritt Günter Schabowski, Mitglied des Politbüros und Sekretär der Partei in Berlin, vor die Journalisten. Noch während des Gesprächs wird ihm ein Papier zugeschoben, das eine Notiz des Plenums enthält. Er soll die Presseleute darüber informieren, daß das Zentralkomitee beschlossen hat, die Mauer und damit die Grenze zu öffnen.

»Ab wann gilt diese Maßnahme?« fragt ein Journalist.

Schabowski blickt auf das Papier und antwortet: »Ab sofort.«

Die Pressekonferenz vom 9. November wird von Fernsehen, Radio und Presse bestürmt, so daß ganz Deutschland, Ost und West, die Nachricht umgehend erfährt. Die Grenzposten wissen von nichts. Aber was sollen sie tun? Die Menschen eilen an die Grenze, um von einer Seite Berlins auf die andere zu gelangen, und es ist problemlos möglich.

Nie ist zu erfahren gewesen, wer Schabowski das Papier hat zukommen lassen. Man bemühte sich, die Wahrheit herauszufinden, selbstverständlich hatte niemand beschlossen, die Mauer niederzureißen ... Vergebens. Sie konnte nicht mehr gehalten werden.

Nach der Vereinigung begann der Rachefeldzug. Der deutsche Kapitalismus verzeiht Erich Honecker nicht, daß er Regierungschef in einem sozialistischen deutschen Staat gewesen ist, er kann sich nicht mit der historischen Tatsache abfinden, daß es einen solchen Staat überhaupt gegeben hat. Kohl, der ihn einst als seinesgleichen empfangen hatte, behandelte ihn nun wie einen Verbrecher. Gorbatschow, der ihn etliche Male als Freund und Bruder mit Küssen und Umarmungen begrüßte, hat gesagt, er müsse sich vor der deutschen Justiz verantworten; und Jelzin hat die Fälschung eines Bulletins russischer Ärzte ersonnen oder gebilligt, in dem es hieß, daß der Exchef des sozialistischen deutschen Staates nicht krebskrank sei; daraufhin war es ihm nicht gestattet, die Chilenische Botschaft frei zu verlassen und nach Korea oder in ein anderes Land, außer Deutschland, auszureisen; vielmehr ging das Gerücht um, daß er seit seiner Flucht in die Chilenische Botschaft konspirativ tätig sei, um seine Regierung zu Fall zu bringen. Größere Gemeinheit war nicht denkbar.

Erich Honecker, der sich seit dem 11. Dezember 1991 in der Chilenischen Botschaft in Moskau aufhielt, wurde von der chilenischen Regierung an die deutsche Regierung ausgeliefert, damit er sich vor Gericht verantworten konnte wegen des Todes von 49 Menschen, die illegal die Berliner Mauer überwinden wollten. Er wurde in das Gefängnis in Berlin-Moabit gebracht. Von den 10 Jahren, die er während der Hitler-Diktatur gefangen gewesen war, hatte er anderthalb Jahre dort verbringen müssen. Auf Beschluß des Präsidenten Patricio Aylwin wurde er am 29. Juli 1992 ausgeliefert. Als Honecker die Botschaft betrat, betrachtete man ihn als Gast. Sieben Monate und zwei Tage später wurde ihm die Gastfreundschaft aufgekündigt. Der russische Sprecher Sergej Jastaschenki erklärte gegenüber der russischen Agentur Interfax: »Rußland und Chile haben beschlossen, daß er in der Botschaft Gast ist, nicht aber willkommen.« Der Botschaftsrat Enrique Silva Cimma erklärte am selben Tag, Deutschland, Rußland und Chile hätten sich über den Fall Honecker geeinigt, dieser hätte die Botschaft freiwillig verlassen. Aber es war nicht an dem. Er wurde ausgewiesen. Der mit der Angelegenheit Befaßte, James Holger, zeitweiliger Botschafter Chiles bei den Vereinten Nationen und Sohn des Admirals Emanuel Holger, Innenminister unter dem Präsidenten Gabriel González Videla, forderte ihn am 29. Juli auf, die Botschaft zu verlassen, und gewährte ihm eine Frist von zehn Minuten. In einer Geheimsitzung des chilenischen Parlamentes informierte Silva Cimma darüber, daß die russische Regierung die Anwesenheit Honeckers in der Chilenischen Botschaft in Moskau nicht guthieß, weil er von da aus konspirativ gegen sie arbeite. Niemand schenkte diesem Hirngespinst Glauben.

Die »Prawda«warf Gorbatschow und Jelzin vor, Honecker zu verraten, und schrieb am Tage der Ausweisung: »Verzeih uns, Erich Honecker.« Im Namen der Kommunistischen Partei Chiles äußerte sich Gladys Marín unmißverständlich: »Die Auslieferung Honeckers ist eine nationale Schande, eine diplomatische und politische Fehlentscheidung Chiles. Die Regierung Aylwin hat auf Geheiß eines mächtigeren Landes entschieden, auf Geheiß Deutschlands.« Ihr Mißfallen äußerten auch, wenngleich verhaltener, die Sozialistische Partei und die Christliche Linke. Tage später erreichte uns die Nachricht, daß Honecker Krebs habe, deutsche Ärzte hatten es bestätigt.

Chile mußte ihm Asyl gewähren. Clodomiro Almeyda versuchte das in die Wege zu leiten; er sah sich gezwungen, sein Amt niederzulegen, falls sein Gast an seine Verfolger ausgeliefert würde. 1948 hatte man schon einmal mit der Tradition gebrochen, wahr zu machen, was in der Nationalhymne verkündet wurde: das Land zu einem »... Asyl für die Unterdrückten zu machen«. Es geschah während der Regierungszeit Gabriel González Videlas, der seinem Botschafter in der kolumbianischen Hauptstadt, Julio Barrenchea, befahl, den liberalen Führer, Saúl Fajardo, an seine Verfolger auszuliefern, der kurz nach dem »Bogotazo« und der Ermordung von Jorge Eliecer Gaitán in unserer diplomatischen Vertretung Asyl gefunden hatte. Wenige Tage, nachdem Saúl Fajardo unsere Botschaft verlassen hatte, wurde er umgebracht.

Und nun wurde zum zweitenmal mit jener Tradition gebrochen.

Als Honecker das Chile-Haus in Moskau verließ und zum Flugplatz und von da aus nach Berlin-Moabit gebracht wurde, grüßte er mit erhobener Faust, wie es die alten Kommunisten, die Arbeiter Anfang der dreißiger Jahre getan hatten, die in den Straßen von Berlin und Paris mit geballter Faust ihre Entschlossenheit demonstriert hatten, die Faschisten niederzuschlagen.

Diese Standhaftigkeit bewies er auch in dem Prozeß, der gegen ihn und seine Genossen, den Exministerpräsidenten Willi Stoph, Exverteidigungsminister Heinz Keßler, Exminister für Staatssicherheit Erich Mielke und den Exarmeegeneral der DDR im Warschauer Pakt, Fritz Streletz, geführt wurde. »Ich werde dieser Anklage und diesem Prozeß nicht den Anschein von Legalität geben, denn ich werde mich nicht verteidigen wegen der absolut haltlosen Anschuldigung des Mordes«, sagte Honecker vor Gericht. Und er fügte hinzu: »Wenn ich hier spreche, tue ich es nur, um meinem Glauben an die Idee des Sozialismus Ausdruck zu geben.« Mit beispielloser Würde und im Wissen um seine Krankheit - Leberkrebs - sagte er: »Die Strafe, die Sie mir offenbar auferlegen wollen, kann mich nicht treffen. Sie wissen das. Ein Prozeß gegen mich ist deshalb eine Farce, ein politischer Akt.«

Am 12. Januar 1993 wurde er freigelassen. Das Urteil hatte weder Hand noch Fuß. Ihm fehlte das juristische Fundament, und es verletzte das menschliche Gewissen. Diese Überlegungen setzten sich schließlich durch. Der berühmte Häftling, einst Präsident des ersten sozialistischen deutschen Staates, durfte sofort in unser Land einreisen, um bei seiner Frau Margot, seiner Tochter Sonja und seinen Enkeln Roberto und Viviana zu sein.

Zu fragen ist, ob die SED und die DDR mit dem notwendigen Gespür gehandelt haben oder nicht viel eher mit einer Unbeirrbarkeit, die, wenn sie nicht zugleich flexibel ist, das schwächt, was verteidigt werden soll.

Die Frage ist berechtigt. Fast 30 Jahre waren seit dem Bau der Berliner Mauer vergangen. Die Situation hatte sich verändert. Die Entspannung hatte, trotz alledem, Fortschritte gemacht. Der Kalte Krieg, der, als die Mauer gebaut wurde, einen Höhepunkt erreicht hatte, war abgeflaut, und zwischen beiden Teilen Deutschlands hatten sich auch staatliche Beziehungen entwickelt. Freilich, im Lichte des internationalen Rechts war die Position der DDR durchaus legitim.

Die Konferenz von Helsinki, im Jahre 1975, unter Beteiligung aller europäischen Länder, hatte die Grenzen in den Staaten des Kontinents für unantastbar erklärt, inklusive natürlich die Grenzen der DDR. Doch im Zuge der Veränderungen in der Welt, der Entspannung, aber auch der Stagnation in den sozialistischen Gesellschaften, vor allem in der sowjetischen, als Konsequenz der Erfolge des Kapitalismus auf dem Gebiet der Anwendung des wissenschaftlich-technischen Fortschritts und seines höheren Niveaus auf dem Gebiet der Massenkommunikation, war eine Situation entstanden, die die Stabilität der DDR schwächte. Dem konnte nicht so einfach mit den legitimen Mitteln begegnet werden, wie sie ihr für den Schutz der Grenze zur Verfügung standen. Es bedurfte anderer Schritte, um die Krise zu überwinden und den Sozialismus zu retten. Zunächst mußte eine Vereinbarung geschaffen werden: Beispielsweise eine kontrollierte Ausreise - in Etappen und nicht plötzlich - jener Deutschen, die diesen Weg durchaus beschreiten wollten. Fidel Castro hatte einmal gesagt: Der Aufbau des Sozialismus beruhe auf Freiwilligkeit.

Vielleicht wäre es möglich gewesen, den Sozialismus in Ostdeutschland mit einer solchen oder einer ähnlichen Haltung zu retten? Sieht man den Fall isoliert, wäre es sicherlich nicht möglich gewesen, wenn in der Sowjetunion und in anderen sozialistischen Ländern Europas weiterhin opportunistische und prokapitalistische Politik betrieben worden wäre. Der Sozialismus hätte vielleicht nicht zu scheitern brauchen, wäre im gesamten sozialistischen Lager in Europa eine wirklich kommunistische Poltik verfolgt worden.

Wenn es in Moskau regnet

Die kommunistischen Parteien in aller Welt waren gekennzeichnet durch ihre mehr oder weniger engen Beziehungen zur KPdSU und durch die offene Unterstützung der UdSSR. Einige stützten den sowjetischen Sozialismus derart, daß sie ihre eigene Identität verloren und in den Augen vieler Leute wie Satelliten oder Verlängerungen der Partei Lenins erschienen. Ihre Ansichten zur Revolution, zur gegenwärtigen Epoche und zu den ständigen oder zeitweiligen Problemen deckten sich mit denen, die in Moskau erarbeitet worden waren. Mit der Sprache verhielt es sich ähnlich. Mitunter trug der Abklatsch groteske Züge.

Zu Stalins Zeiten gewöhnten sich die Redner an, sich selber zu applaudieren. Nach dem Zweiten Weltkrieg besuchten sowjetische Staatsmänner viele Länder. Wenn sie öffentlich auftraten und die Leute in dem Moment applaudierten, da sie angekündigt wurden, oder beim Vorüberfahren in einer Autokolonne oder am Ende einer Rede, klatschten auch sie. Das wirkte irgendwie sympathisch. Einmal fragte ich, was es mit dieser Geste auf sich habe. Ich fände es seltsam, daß ein Redner sich selber Beifall spende.

»Nein«, sagte man mir, »der Redner bedenkt nicht sich selber mit Beifall, sondern das, was er sagt, die Gedanken, die er formuliert hat, die aber die der Partei sind.«

Andere meinten, auf diese Weise solle der Applaus der Menge belohnt werden.

Mich überzeugte keine der beiden Antworten. Ich habe nie geklatscht, wenn ich was gesagt habe, sosehr ich auch überzeugt gewesen war, daß die Meinung der Partei und nicht nur meine eigene Applaus verdiene.

Die meisten kommunistischen Parteien übernahmen diesen Brauch von den sowjetischen Genossen. Aufgrund solcher Erfahrungen hieß es schließlich: Wenn es in Moskau regnet, spannen die Kommunisten überall in der Welt den Schirm auf.

Freilich übertrieben nicht alle kommunistischen Parteien den Prosowjetismus auf solche Weise. Die Parteien in China, Vietnam, Kuba, Frankreich, Italien, Jugoslawien, Indonesien, Japan und Chile waren bestrebt, ihre eigenen Konzepte zu erarbeiten und ihre Identität zu bewahren.

Wie nicht anders zu erwarten, geriet der Prosowjetismus, die bedingungslose Unterstützung des sowjetischen Sozialismus, des Handelns und Tuns der Kommunistischen Partei der UdSSR, schließlich in die Krise. Die Krise wurde offenkundig, als abweichende Auffassungen zunächst von den jugoslawischen und dann von den chinesischen Kommunisten vertreten wurden. Ein Ausdruck dessen war auch der Eurokommunismus, eine Schöpfung der kommunistischen Parteien Frankreichs, Italiens und Spaniens, der sich in den siebziger Jahren durch seine offene Kritik am real existierenden Sozialismus und durch sein neuerliches Aufgreifen Leninscher Thesen hervortat.

Wir chilenischen Kommunisten widmeten uns unseren eigenen Angelegenheiten und unterstützten zugleich die sozialistische Gesellschaft, die so erfolgreich aufgebaut wurde. Die Krise jenes Sozialismus, des »real existierenden Sozialismus«, nahmen wir nicht in gebührendem Maße ernst; wir verhielten uns eher passiv, distanziert, unkritisch. Mehr noch, die sowjetische Haltung in internationalen Fragen machten wir zu unserer eigenen. Diesbezüglich bewiesen wir keinen wirklich schöpferischen Geist. Unsere Unterstützung der Sowjetunion war unwandelbar, sie erfolgte zeitweise unüberlegt und mechanisch. Deshalb teilten wir mehr als einen Fehler mit ihr, bestätigten dadurch die verzerrten Bilder, in denen uns der Feind malte, was manchmal das einigende Band mit den Sozialisten schwächte.

Dennoch, die Unterstützung der Chilenischen Kommunistischen Partei für die internationale Politik der Sowjetunion und die Positionen der KPdSU in der kommunistischen Bewegung konnte nicht darüber hinwegtäuschen, daß es diese oder jene Meinungsverschiedenheit und unterschiedliche Einschätzung des einen oder anderen Problems gab. Anläßlich eines Kongresses des Bundes der Kommunisten Jugoslawiens hielten wir uns beispielsweise nicht an eine Aufforderung der Kommunistischen Partei der Sowjetunion, an dem Treffen nicht teilzunehmen. Wir ließen uns von José Cademártori vertreten. Solcherart unterschiedliche Auffassungen - geringfügig, sicherlich - gab es im verborgenen bis in die jüngste Gegenwart. Hingegen äußerten wir öffentlich unsere Mißbilligung, als Chrustschow, ein hartnäckiger Schwätzer, sich unbotmäßig und abfällig über ein Gemälde in einer Ausstellung ausließ, die er besucht hatte. Ebenso verfuhren wir, als die Schriftsteller Juri Daniel und Andrej Dinianski Opfer repressiver Maßnahmen wurden. Was Kunst und Kultur betrifft, so bewegte sich die Kommunistische Partei Chiles in Theorie und Praxis nicht ohne weiteres in den Wassern des sogenannten »sozialistischen Realismus«, der in der Sowjetunion zur offiziellen Richtung erklärt wurde. Nie vertraten wir irgendeine bestimmte ästhetische Schule, immer respektierten wir das künstlerische Schaffen der Intellektuellen. »Meine Partei«, sagte Neruda stolz in »Ich bekenne, ich habe gelebt«, »widersetzt sich keinem Ausdruck von Schönheit.« Sicherlich hat diese Haltung mit der Tatsache zu tun, daß sehr viele Intellektuelle aus den verschiedensten Bereichen der Kunst und Kultur Mitglieder der Partei waren und sind oder mit ihr sympathisierten beziehungsweise sympathisieren.

Wir billigten auch nicht die Haltung der sowjetischen Partei in letzter Zeit, ihre Argumentation, den antiimperialistischen Kampf der Völker der Sache des Friedens unterzuordnen. Wir, und mit uns viele andere Parteien, fanden es absurd, einen Widerspruch zwischen dem einen und dem anderen zu konstruieren, und wir hielten dafür, daß der Kampf gegen den Imperialismus die Kräfte stärkte, die sich einem dritten Weltkrieg widersetzten.

Streit gab es nicht, wohl aber Meinungsverschiedenheiten mit den sowjetischen Kommunisten. Eine formulierten wir auf der Internationalen Konferenz der 75 kommunistischen und Arbeiterparteien, die vom 5. bis zum 17. Juni 1969 in Moskau stattfand. Ich nahm gemeinsam mit Volodia Teitelboim, Gaspar Díaz und José Miguel Varas teil. Schon damals war in Chile das Interesse an der Weltpolitik sehr groß. Die linken Kräfte hatten sich zur Unidad Popular zusammengeschlossen und strebten an, bei den Wahlen im nächsten Jahr die Regierung zu übernehmen und revolutionäre Reformen, die im Schoße der Gesellschaft herangereift waren, durchzusetzen und auf friedliche Weise den Weg zum Sozialismus einzuschlagen. Ich glaube, ich wurde als Motor dieser schöpferischen Kraft zum Leiter einer der Arbeitsgruppen der Konferenz ernannt.

Ich befaßte mich in meiner Rede mit den Probleme, die die internationale kommunistische Bewegung betrafen, und sprach über den beginnenden Demokratisierungsprozeß in unserem Volk. Die chilenischen Kommunisten waren zu dem Schluß gekommen, daß die Formulierung »friedlicher Weg«, mit der man die Möglichkeit charakterisiert habe, in bestimmten Ländern und unter bestimmten Umständen an die Macht zu gelangen, ohne, wie sonst üblich, Waffen zu gebrauchen, nicht korrekt sei. Im Namen unserer Delegation schlug ich vor, »nicht bewaffneten Weg«dafür einzusetzen. Der Ausdruck »friedlicher Weg« reflektierte nicht den eigentlichen Charakter des Kampfes, der mitunter Formen der Gewalt einschloß, in dem es zu gewalttätigen Auseinandersetzungen zwischen dem Volk und dem Polizeiapparat der bürgerlichen Macht kommen konnte, wie es die »Landnahme« durch besitzlose Familien der Bauern und Mapucheindios zeigte. »Damit wir uns recht verstehen«, sagte ich, »es ist nicht korrekt, einen Kampf, wie er sich in Chile vollzieht, als ›friedlichen Weg‹ zu bezeichnen. Und wir glauben, daß das auch für andere Länder gilt, wo die Arbeiter und die Volksmassen oft zum Generalstreik greifen, Fabriken oder Ländereien besetzen, um Wohnungen einzurichten, und Demonstrationen organisieren, bei denen es regelmäßig zu Zusammenstößen mit der Polizei kommt. Auf diese Weise«, fügte ich hinzu, »werden viele Erfolge des Volkes mit Blut und Leben bezahlt oder verteidigt.« Unser Vorschlag wurde nicht angenommen, doch wir betrachteten ihn als gerechtfertigt und verwendeten den Begriff über lange Zeit. Andere Parteien übernahmen ihn, unter ihnen die uruguayische.

Wir chilenischen Kommunisten waren fest davon überzeugt, daß es in unserem Land möglich war, einen »friedlichen Weg«der Revolution einzuschlagen.

Dies ist eine These, die Marx im Jahre 1872 für einige Länder als realisierbar erachtete und die Engels in seiner »Kritik am Erfurter Programm« formulierte und die Lenin 1917 (in einer seiner berühmten »Aprilthesen«) bestätigte, ehe im selben Jahr die Konterrevolution dazu zwang, zu den Waffen zu greifen. 40 Jahre später, Anfang 1956, kam die Kommunistische Partei der Sowjetunion auf ihrem XX. Parteitag wieder darauf zurück. Sie sah in dem Weg eine Möglichkeit, vorausgesetzt, die Arbeiterklasse konnte, gemeinsam mit anderen Gesellschaftsschichten, die Mehrheit im Parlament erringen. Die chilenische Partei übernahm diese These auf ihrem X. Parteitag, der zwei Monate danach stattfand. Mit Blick auf die konkrete Situation im eigenen Land kam sie zunächst zu dem Schluß, daß sie diesen Weg tatsächlich beschreite und daß sie auf diesem Weg weitergehen könne, nicht in der Art und Weise, wie von den sowjetischen Genossen vorgegeben, das heißt über die Erringung des Wahlsieges durch eine parlamentarische Mehrheit, sondern dadurch, daß das Volk - als ersten Schritt der Erringung der politischen Macht - die Präsidentschaft übernahm. Ohne auch nur im geringsten zu unterschätzen, was mittels Parlament erreicht werden kann, sagte César Godoy Urrutia auf dem XII. Kongreß der Partei: »Das Parlament ist nicht nur eine Tribüne; es ist auch ein Gerüst, auf dem etwas mehr als rhetorische Formeln gebaut werden können und müssen.«

Gestützt auf diese Tatsachen, betont Alonso Daire in »Die Kommunistische Partei Chiles«, der sogenannte friedliche Weg »war seit mehr als 20 Jahren politische Strategie der Kommunistischen Partei Chiles«, und »beim Durchsetzen dieser Linie zeigte sie große Autonomie und Kreativität und das Bemühen, eine auf die Besonderheiten Chiles zugeschnittene Politik zu betreiben.«

Unsere unkritische Haltung ging nicht soweit, daß wir aus dem sowjetischen Sozialismus unser Paradigma machten, weder hinsichtlich der staatlichen Organisation noch hinsichtlich der ökonomischen Strategie der Gesellschaft oder des politischen und kulturellen Lebens. Die Tatsache, daß eine Handvoll Kommunisten einst davon träumten, in Chile eine Sowjetmacht aufzubauen, und daß im Juni 1932, da die Regierung Juan Esteban Montero gestürzt und die sogenannte Sozialistische Republik errichtet wurde, die zwölf Tage Bestand hatte, ein Sowjet in Santiago und einer in Lota - in Wahrheit Nachahmungen der Sowjets - eingerichtet wurde, ist nur eine Anekdote, ein Akt revolutionären Infantilismus, der weder Echo noch Bedeutung hatte. Was in der Politik und im Handeln dieser Partei seit ihrer Gründung hervorsticht, ist, neben der ständigen Bemühung um die Rechte der Arbeiter und des Volkes, das Bestreben, eigene Wege zu eröffnen und in den Gemeinden, im Parlament, in der Zentralregierung präsent zu sein, mit dem Ziel, die hegemoniale und führende Kraft in der Gesellschaft zu übernehmen.

Das zeigt also, daß die Beziehungen zwischen der Kommunistischen Partei Chiles und der Kommunistischen Partei der Sowjetunion grundsätzlich freundschaftlich und von gegenseitigem Verständnis geprägt waren, ohne daß immer absolute Übereinstimmung herrschte und ohne daß die chilenische Partei nachließ in ihrem Bestreben - in ihrem erfolgreichen Bestreben -, einen eigenen Weg zum Sozialismus zu beschreiten. Was dieses letzte angeht, so vertrat Salvador Allende die gleiche Ansicht. Entschiedener Verfechter eines in den besten nationalen Traditionen verwurzelten Sozialismus, sprach er vom chilenischen Weg zum Sozialismus, der nach Empanadas und Rotwein dufte.

Dennoch kann man beobachten - wie auch Alonso Daire in der zitierten Analyse feststellt -, daß im Verlauf des langen Lebens der Partei »eine starke Tendenz da war, den Appellen der UdSSR, der Kommunistischen Partei der Sowjetunion und der Internationalen Kommunistischen Bewegung Folge zu leisten«.

Die Kommunistische Partei hat als erste die Bedeutung der Oktoberrevolution hervorgehoben und den chilenischen Arbeitern die Ideen nahegebracht, die Gemeingut der Proletarier aller Länder der Erde sind: die soziale Emanzipation und schließlich der Appell an alle Menschen, Brüder zu sein. Sie entstand und entwickelte sich im internationalistischen Geist, förderte die Freundschaft zwischen den chilenischen und den bolivianischen Arbeitern, die in den Salpeterbergwerken arbeiteten, erhob ihre Stimme gegen die chauvinistischen antiperuanischen Parolen, die von der reaktionären Oligarchie verbreitet wurden in den Tagen, da im sogenannten Krieg von Don Ladislao das Plebiszit in Tacna und Arica vorbereitet wurde. Es waren die Tage, da Recabarren aus tiefstem Herzen diese schönen Worte formulierte: »Ich möchte nicht, daß irgend jemand mein Vaterland haßt; deshalb liebe ich das Vaterland all der anderen.«

Zu der Zeit trat die Partei ins Leben - wie das damals hieß -, hißte die rote Fahne der proletarischen Forderungen und zugleich die vaterländische Trikolore. Entscheidend war, daß sie in der Salpeterregion entstand. Dort gab es die größten Arbeiterkonzentrationen, dort wurden die Arbeiter von den ausländischen Unternehmern am brutalsten ausgebeutet. Von Beginn an richtete sie ihre Aufmerksamkeit auf die Rechte der Arbeiter und, in gleichem Maße, auf die Verteidigung der nationalen Souveränität, die von den Kapitalisten mit Füßen getreten wurde: Das Salpeterunternehmen achtete keinerlei chilenisches Gesetz, führte eine eigene Währung ein (Gutscheine), hatte seine eigene Polizei und verwandelten die Salpeterbergwerke in geschlossene Käfige, die nicht ohne weiteres zugänglich waren.

Diese Partei war vor allem Ergebnis eines Prozesses, der seine Wurzeln in den ersten Anfängen eines keimenden Klassenbewußtseins hat, das sich unter den Arbeitermassen in den Minen herausbildete, und nicht etwa Resultat der klassischen Verschmelzung von Marxismus und Arbeiterbewegung, der revolutionären Ideologie, die hochgebildete und phantasiebegabte Persönlichkeiten aus anderen sozialen Schichten in das Proletariat hineintragen. Und ihr Kampf verbindet sich mit dem aller Menschen, die seit O'Higgins für soziale Gerechtigkeit und für die Unabhängigkeit Chiles kämpfen. Nicht zufällig malte der große mexikanische Moralist Luis Alfaro Siqueiros an die Escuela México in Chillán den Gründer der Kommunistischen Partei, Recabarren, neben Lautaro, O'Higgins, Bilbao und Balmaceda. Der Künstler sah eine historische Kontinuität in Leben und Handeln dieser Männer.

Die Partei war also keine exotische Pflanze, wie jahrelang von den wütendsten Antikommunisten behauptet wurde. Von Anfang an war sie - und ist es noch - eine authentische, autochthone Partei gewesen. Ihr Gedankengut war nicht - und konnte gar nicht sein - eine rein chilenische Schöpfung. Keine chilenische Partei, weder Christdemokraten noch Radikale, noch Liberale - diese letzte Partei gibt es inzwischen nicht mehr -, haben oder hatten eine rein chilenische Ideologie. Das wäre undenkbar gewesen, denn die fortschrittlichsten Ideen einer Epoche entstehen zu gegebener Zeit in den am weitesten entwickelten Gesellschaften.

Was den nationalen Charakter einer Partei und die Effizienz ihres Wirkens ausmacht, ist die Fähigkeit, die Wirklichkeit zu reflektieren und die sozialen Interessen, die sie vertritt, mit den allgemeinen Interessen des Landes zu verbinden.

Als die Oktoberrevolution stattfand, war die Sozialistische Arbeiterpartei bereits fünf Jahre alt und eine politische marxistische Vereinigung. Sie hatte eigene Zeitungen und Büros und einen bedeutenden Einfluß unter den Arbeitern in den Salpeter- und Kohlenbergwerken, unter den Eisenbahnern, den Druckern und den Arbeitern in Magallanes. Sie hatte sich gegen den imperialistischen Krieg von 1914 ausgesprochen, und zwar mit Worten, die sie von den damaligen Arbeiterparteien in Amerika und Europa deutlich unterschied. Bevor die Sozialistische Arbeiterpartei beschloß, ihren Namen zu ändern - was ohne größere interne Probleme, geschweige denn Spaltung möglich war -, bekannten sich ihre Führer und die Mitglieder dazu, Kommunisten zu sein.

Die großen Erfolge, die die Kommunistische Partei Chiles in ihrem langen Leben hatte, beruhen zu einem großen Teil auf diesen historischen Gegebenheiten, auf ihrer tiefen Verwurzelung in den Massen. Dies erklärt auch die Fähigkeit, die sie bewiesen hat, um der Krise des Kommunismus zu begegnen, zu der es parallel zum Zusammenbruch des Sozialismus in der Sowjetunion und in Europa kam. 1990 fehlte es nicht an Schwarzsehern, die das unausweichliche Ende voraussagten. Die Ergebisse der Gemeindewahlen am 28. Juni 1992 haben vom Gegenteil überzeugt.

Kreativität und Autonomie der Kommunistischen Partei bei der Erarbeitung ihrer Linie sind auf mehr als einer Seite der gesellschaftlichen und politischen Geschichte Chiles zu finden. 1925 schuf sie die Nationale Vereinigung der Arbeitnehmer, der sich die Arbeitervereinigung Chiles, die Lehrervereinigung, die Eisenbahnervereinigung, die Liga der Kaufleute und der Industriellen, die Liga der Mieter und andere Organisationen anschlossen. Die Vereinigung der Arbeitnehmer wurde zu einer echten gemeinsamen Front der Arbeiter und der Mittelschichten. Sie konstituierte sich um ein demokratisches Programm, das zum erstenmal die Nationalisierung der Reichtümer des Landes postulierte und als Kandidaten für die Präsidentschaft der Republik Don José Santos Salas aufstellte, der Jahre später Gesundheitsminister und Bürgermeister von Santiago wurde. Als Präsidentschaftskandidat erhielt Doktor Salas 80 888 Stimmen gegenüber 180 000 seines Gegners, Emiliano Figueroa Larraín, der von allen politischen Parteien unterstützt wurde, mit Ausnahme der Kommunisten. Dieses Ergebnis war ein Ereignis. Ebenso wichtig oder noch wichtiger - wichtiger tatsächlich hinsichtlich der Auswirkungen auf das chilenische Leben und des internationalen Echos - waren das Wachsen und dann der Sieg der Unidad Popular, aus der die demokratische und revolutionäre Regierung Präsident Allendes hervorging. »Die Unidad Popular«, sagt der bereits erwähnte Daire, »bedeutet eine Ankunft sowie eine historische Bestätigung der klugen Analyse seitens der Kommunistischen Partei. Der Einsatz hat sich gelohnt.«

Die Partei bemühte sich erfolgreich darum, politische Lösungen zu finden, die auf die nationale Wirklichkeit und die demokratischen Traditionen des Landes zugeschnitten waren, und sie engagierte sich mit aller Kraft für ein möglichst umfassendes linkes Bündnis. Sie trug die Losung in die Massen: »Unidad Popular, um die Macht zu erringen.« Sie kämpfte entschieden gegen die sektiererischen Positionen jener

Sozialisten, die eine Verständigung mit den Radikalen ablehnten oder verteufelten, mit dem Argument, diese verkörperten ein bürgerliches Element, das den Charakter und die Zukunft der Bewegung gefährde.

Die Unidad Popular und ihre Regierung, angeführt von Salvador Allende, wurden in der ganzen Welt mit großer Sympathie und mit Unterstützung bedacht, vor allem wegen ihrer Originalität und wegen der neuen Ideen auf dem Weg zum Sozialismus. In Lateinamerika und in Europa wurde ihnen großes Interesse entgegengebracht.

Es handelte sich um eine kollektive Schöpfung, Ergebnis des langen Kampfes des chilenischen Volkes, der gemeinsamen Aktion der linken Parteien, ihres einmütigen Zusammengehens. Der Beitrag unserer Partei zu dieser Schöpfung und der Beitrag Salvador Allendes waren besonders hoch. Wir vertraten, in offener Polemik mit der Mehrheit der Sozialisten, die These, daß das Volk an die Macht gelangen könnte ohne bewaffneten Kampf, sondern gestützt auf die Einheit der demokratischen Kräfte und das gemeinsame Handeln der Massen, und auf die damals existierenden legalen und verfassungsmäßigen Mechanismen. Und wir handelten danach.

In den Jahren vor dem Sieg der Unidad Popular befürworteten wir klar und unzweideutig eine Regierung aus einer Mehrparteienkoalition und die Anerkennung der politischen Rechte jener oppositionellen Parteien, die im Rahmen der Gesetze handelten. Diese Formulierung entsprach strikt den chilenischen Traditionen und Gepflogenheiten.

Unter den besonderen historischen Bedingungen, die weiter oben bereits genannt wurden, bildete sich schließlich in der Sowjetunion das politische System einer einzigen Partei heraus und festigte sich. Ähnliches geschah in China, in Kuba, in Vietnam, Nordkorea. Die Existenz verschiedener Parteien ist nicht per se ein Zeichen von Demokratie, aber das Regime, in dem es nur eine einzige Partei gibt, ist auch nicht automatisch antidemokratisch. Im Falle Kubas ist das System der einzigen Partei unseres Erachtens durchaus gerechtfertigt. Das Vaterland Martís befindet sich seit mehr als dreißig Jahren im Kriegszustand. Die Vereinigten Staaten haben über das Land die längste Wirtschaftsblockade verhängt, die eine Nation je erdulden mußte. Der nordamerikanische Präsident hat unverhohlen seine finsteren Pläne verkündet. Nach dem Zusammenbruch der Sowjetunion und der Länder Osteuropas hat er in alle Winde verbreitet, daß er bestrebt sein wird, Fidel Castro zu stürzen und mit dem Sozialismus auf Kuba Schluß zu machen. Es gelang ihm, im Nordamerikanischen Kongreß ein Gesetz - das Gesetz Torricelli - durchzubringen, mit dessen Hilfe er die Rolle des Weltgendarmen, die sich die Vereinigten Staaten anmaßen, bestätigen will: die Länder, die mit Kuba Handel treiben, und die Schifffahrtsgesellschaften, die Waren nach Kuba bringen oder von dort holen, können unter Strafe gestellt werden. Ein auf diese Weise bedrängtes Land, dem der mächtigste Staat der Erde den Krieg erklärt hat, wenn auch bisher kein Kanonendonner zu hören ist, hat fraglos das Recht, sich mit allen Mitteln zu verteidigen und für eine geschlossene Front zu sorgen. Unter den kubanischen Verhältnissen würde das Mehrparteiensystem bedeuten, Gräben zu ziehen, die der Feind sofort ausnutzen würde.

Ein weiterer Ausdruck der realistischen und weitsichtigen Politik der Kommunistischen Partei Chiles ist die Form, in der sie das Problem der Vorhut anging. Die Kommunistische Partei übernahm die Rolle der Vorhut nicht ausschließlich in die eigene Verantwortung.

Wiederholt sprach sie sich dafür aus, sich mit der Sozialistischen Partei in die Rolle der Vorhut zu teilen. Das Bemühen um die Festigung der Einheit beider Parteien war eine der wichtigsten Konstanten ihres Handelns. Es bedeutete eine Verständigung, die die Verbindung zu anderen Parteien nicht ausschloß. Im Gegenteil, ihr war daran gelegen, einer breit gefächerten Allianz eine feste Basis zu geben. In der Vergangenheit hatten Meinungsstreitigkeiten die Spaltung der demokratischen Kräfte begünstigt. Die Einheit erleichterte und erleichtert in der Praxis das Einvernehmen aller.

Während der Regierung Präsident Allendes sprachen wir uns außerdem für unterschiedliche Formen des Eigentums an den Produktionsmitteln aus, das heißt für staatliches Eigentum, für die gemischte Form und für Privateigentum. Wir meinten weder früher, noch meinen wir heute, daß der Sozialismus - im Unterschied zum Kommunismus - obligatorisch gebunden ist an eine einzige Eigentumsform. Und wir sind überzeugt, daß keine Produktionsweise, keine Gesellschaftsformation auf eine andere folgt, indem sie diese völlig und ein für allemal eliminiert. Stets gibt es Reste aus dem vorhergehenden System, die lange Zeit erhalten bleiben. Es ist bekannt, daß beispielsweise die Länder Lateinamerikas vorzeiten den Weg des Kapitalismus begonnen haben, und trotzdem sind dort, bei der Urbevölkerung, Relikte des Feudalismus und früherer Formationen erhalten geblieben. Wir wissen freilich auch, daß letztlich die gesellschaftliche Entwicklung zum Verschwinden jeder Art von Privateigentum an Produktionsmitteln führen wird; aber wir haben das begriffen - und so gesagt -, ohne daß dabei Konfrontation oder Enteignung eine Rolle spielten, vielmehr ein Prozeß der Zusammenarbeit und der Verständigung mit den kleinen und mittleren Kapitalisten, ihre Einbindung in einen großen gesellschaftlichen Prozeß und, wenn der Ausdruck erlaubt ist, die Ausnutzung ihrer Fähigkeiten als Unternehmer zum Wohle der ganzen Gesellschaft.

Treffend sagte es ein brasilianischer Politiker: »Die Produktion ist gut, solange wir sie für alle wollen.« Und das kann auf unterschiedliche Weise sein.

Letztlich muß das Privateigentum an den Gütern des persönlichen und familiären Bedarfs als unantastbar gelten, und im Bereich der Dienstleistungen, Cafeterias, Restaurants, Boutiken, Kunsthandwerk- und Reparaturstätten, Frisöre, und so weiter, muß, stärker sogar als bisher, respektiert werden, daß auf unbefristete Zeit Privatinitiative da ist. Zweifellos trugen die im Besitz des Staates befindlichen Kioske, die in der Sowjetunion Zeitungen oder Schnürsenkel verkauften, nichts bei zum Aufbau des Sozialismus, und sie hätten sehr gut oder sogar besser funktioniert, wären sie in Privathand gewesen, genauso wie andere Dienstleistungen, wenn sie eigenverantwortlich oder von Kooperativen geführt worden wären. Diese Gedanken waren, explizit oder implizit, in den verschiedenen Eigentumsformen innerhalb des Sozialismus, wie wir ihn begriffen, enthalten.

Der sowjetische Sozialismus war also nicht unser Modell.

Aber wir betonen, daß wir ihm gegenüber keine kritische Haltung einnahmen. Und zwar aufgrund unserer Position, die uns zwang, der Sowjetunion bedingungslos zuzustimmen.

Natürlich konnte Kritik auch in keinem der Augenblicke angebracht werden, da die Sowjetunion Gegenstand bewaffneter Aggression war oder Ziel bösartiger Kampagnen der Feinde des Sozialismus. Und dies betraf die meiste Zeit in all den Jahren. Freilich, anders war die Situation in den siebziger Jahren. Auf militärischem Gebiet war ein Kräftegleichgewicht zwischen Sozialismus und Kapitalismus entstanden. Der Frieden hing nicht mehr nur an einem Faden, und die sowjetische Gesellschaft stagnierte. Eine kritische Haltung in diesem Augenblick wäre wirksame Hilfe für die sowjetischen Kommunisten gewesen. Eingenommen wurde sie von den kommunistischen Parteien, die die Vorzüge und die Schwächen des real existierenden Sozialismus genauer kannten. Leider überspitzten einige ihren Tadel und begleiteten ihre Beobachtungen mit unangebrachten ideologischen Fragestellungen. Damit vereitelten sie die Kritik.

Die Beziehungen der Parteien zueinander

Die Kommunistische Partei Chiles trat der Kommunistischen Internationale, der Komintern, im Jahre 1922 bei. Ihre Zugehörigkeit als aktives Mitglied wurde 1928 endgültig bestätigt. Bis dahin hatte sie die Rolle des Sympathisanten inne, allerdings mit Stimmrecht bei Versammlungen. In dieser Eigenschaft nahm Recabarren am IV. Kongreß der Komintern teil, der 1924 in Moskau stattfand. Aufgrund der weiten Entfernung Chiles oder weil die vorrangigen Bemühungen der Komintern nicht auf diesen Teil des Kontinents gerichtet waren oder wegen der internen Schwierigkeiten der Partei - noch bevor Recabarren seinem Leben ein Ende setzte - oder wegen der Verfolgung, der sie später während der Diktatur von Ibáñez ausgesetzt war - aus all diesen Gründen oder aus einigen davon gab es in den zwanziger und beginnenden dreißiger Jahren praktisch keine Beziehungen zum Exekutivkomitee der Komintern. Kontakte bestanden nur zum Südamerikabüro, das seinen Sitz in Buenos Aires hatte.

1937 hielt ich mich in Concepción auf, als ich nach Santiago gerufen wurde, um als technischer Sekretär - das nannte sich damals so, wer weiß warum - von Carlos Contreras Labarca, dem Generalsekretär der Partei, zu arbeiten. Mein Gehalt betrug 200 Pesos monatlich. Von dem Zeitpunkt an war ich eng verbunden mit dem Zentralkomitee, obwohl ich erst 1952 zum Mitglied gewählt wurde. Auf Contreras Labarca folgte Ricardo Fonseca und danach Galo González. Mit beiden arbeitete ich eng zusammen, vor allem bei der Redaktion von Dokumenten. Mit Ricardo verband mich herzliche Freundschaft, mit Galo hatte ich ein gutes Vertrauensverhältnis. Ich glaube, ich bin seit 1937 in die - um es einmal so zu sagen - Geheimnisse der Parteiführung eingeweiht und kenne sehr genau die wirklichen Beziehungen, die sie zur Komintern hatte.

1935 schickte die Partei ihren Generalsekretär, Carlos Contreras Labarca, und Luis Hernández Parker, Mitglied des Politbüros und Generalsekretär der Kommunistischen Jugendorganisation - damaliger Name der heutigen Kommunistischen Jugend -, zum VII. Kongreß der Komintern. Anfang 1938 reiste eine Delegation, bestehend aus Elías Lafertte, Galo González und Raúl Barra Silva, nach Moskau. Solange sie außer Landes weilten, sandte ich ihnen im Auftrag Contreras Labarcas einmal in der Woche eine Art Nachrichtenbulletin von mehreren Seiten, das ich mit der Maschine auf hauchdünnes japanisches Papier schrieb; ich weiß gar nicht, ob es das noch gibt, es war ganz leicht, aber fest. Obwohl jeder Brief sechs oder mehr Blätter enthielt, lenkte er nicht die Aufmerksamkeit der Post auf sich und kostete bei seinem geringen Gewicht nur wenig Porto.

Die von Lafertte angeführte Delegation begab sich zum Sitz der Komintern in Moskau. In Chile war die Frente Popular gebildet worden, und sie trat 1938 mit einem einzigen Kandidaten für die Präsidentschaft der Republik in den Wahlkampf. Um diese Wahl ging es bei den meisten Begegnungen, die die chilenischen kommunistischen Führer mit Manuilski und anderen Mitgliedern der Komintern hatten. Als Anwärter auf das Präsidentenamt waren im Gespräch Pedro Aguirre Cerda, Juan Antonio Ríos, Carlos Ibáñez del Campo und Marmaduque Grove. Nachdem Elías alle vier vorgestellt hatte, fiel es ihm ein, zu fragen, welcher von ihnen ihrer Meinung nach der beste Kandidat der Linken wäre.

»Kaum hatte ich die Frage formuliert, verblüffte mich Manuilski«, erzählte Elías mit diesem Charme, der ihn auszeichnete.

»Der beste Kandidat«, antwortete Manuilski, »heißt Elías Lafertte, das sind Sie. Da Sie aber nicht als Kandidat aufgestellt worden sind, eben ein anderer, den jedoch wählen Sie.«

Diese Anekdote ist deshalb von Bedeutung, weil manche geglaubt haben, daß politische Entscheidungen der Kommunistischen Partei außerhalb des Landes getroffen oder von außerhalb abgesegnet wurden. Beispielsweise sagte Raúl Rettig im Abendblatt »La Segunda«, das seine Memoiren abdruckte, daß 1969, als in der Unidad Popular diskutiert wurde, wer der Kandidat für die Präsidentschaft der Republik sein würde, die Radikale Partei die Unterstützung der Kommunistischen Partei für ihren Kandidaten Alberto Baltra erhoffte. »Wenn es keine Unterstützung gab«, sagte Rettig in jenem Abendblatt, »dann deshalb, weil die Entscheidung von außen nicht gebilligt wurde.«

Wenn eine demokratische Persönlichkeit mit der Erfahrung und vom Zuschnitt Raúl Rettigs an die Abhängigkeit der Kommunisten geglaubt hat, was kann man dann von Leuten erwarten, die einen anderen Bildungsgrad haben, vor allem im Zentrum und bei den Rechten? Das soll uns zeigen, daß wir eine schwere Last mit uns herumtragen, die Last des Antikommunismus, und daß es für uns ein großes Problem ist, diesem mit Methoden zu begegnen, die wirksamer sind als die, die wir bisher angewendet haben, und jene unwichtigen und im allgemeinen fiktiven Elemente aus dem Weg zu räumen, die dem nur Vorschub leisten. Darin liegt das Geheimnis, das Mysteriöse, das sektiererische Denken, die große Bedeutung in jedem

Augenblick und unter allen Umständen, so daß nicht wenige Leute in uns außerirdische Wesen sehen; es ist der Nährboden für alle Arten von Legenden darüber, was wir sind und was wir wollen.

Viel ist spekuliert worden über den Einfluß des Südamerikabüros der Komintern auf die Kommunistische Partei Chiles. Anlaß war ein Dokument, das die Komintern ihr im November 1926 schickte und das den Titel trug »Direktiven für die Bolschewisierung der Kommunistischen Partei Chiles«. Es handelte sich um ein inhaltschweres Dokument, das zum einen konkrete Vorschläge beispielsweise hinsichtlich der Notwendigkeit enthielt, die Partei auf der Basis von Zellen anstelle der bisher existierenden Abteilungen aufzubauen; zum anderen das Erbe von Recabarren negativ bewertete. In Wahrheit hatte es aber keine größere Bedeutung. General Ibáñez war im Kriegsministerium ein starker Mann. Die Arbeiterbewegung wurde zurückgedrängt, und die Partei war verstummt aufgrund interner Probleme, entstanden aus ihrer abwartenden Haltung gegenüber der Diktatur von Ibáñez, die ihre beiden Senatoren und ihre vier Abgeordneten angenommen hatten. In dieser Situation wurde das Dokument des Südamerikabüros im Zentralkomitee nicht einmal diskutiert, geschweige denn an der Basis.

Die Kommunistische Internationale spielte eine positive Rolle bei der Verteidigung der Sowjetunion, sie unterstützte entschlossen und erfolgreich den Kampf der spanischen Republikaner, sie half den Opfern des faschistischen Terrors, brachte die Aktionseinheit der Arbeiter und des Volkes gegen Faschismus und Krieg und für die Antihitlerkoalition zustande. Sie trug zur Gründung kommunistischer Parteien bei. Eine große Bedeutung hatte auch die Politik der Einzigen Front und der Volksfront, die in den dreißiger Jahren jegliche Initiative förderte und in die Praxis umsetzte. Eine solche Politik, in Frankreich und in anderen Ländern realisiert und dann offiziell verkündet auf dem VII. Kongreß der Kommunistischen Internationale als Orientierung für die kommunistischen Parteien in aller Welt, führte zu gemeinsamem Handeln und zur Verständigung mit den verschiedensten gegen den Faschismus gerichteten Kräfte, in erster Linie mit den Sozialdemokraten. Es waren die Jahre der »großen Wende«- der »grande svolta« - der Kommunisten. Oberstes Gebot für sie war fortan die Wahrung der Demokratie.

Die Kommunistische Internationale entstand und entwickelte sich mit einem entscheidenden Fehler. Er beruhte auf der Tatsache, daß sie als übernationale Organisation begriffen und weitestgehend als Internationale oder Universale Kommunistische Partei gehandhabt worden war. Unter diesen Umständen bildeten sich nicht wenige Parteien praktisch so heraus, als wären sie einfach nur ihre Sektion, sie richteten sich nach den Fragen aus, die sie stellte, und kümmerten sich nicht um die Wirklichkeit in ihrem Umfeld, das heißt um die Pflichten gegenüber ihrem eigenen Volk. Sowohl die Kommunistische Internationale wie die verschiedenen Parteien mißachteten also das marxistische Prinzip, daß der Kampf seinem Inhalt nach international, seiner Form nach national ist. In bestimmten Fällen führte das die Internationale zu unangemessener Einmischung in Angelegenheiten, die nicht in ihrer Kompetenz lagen, gar nicht liegen konnten. Mehr noch, sie mißbrauchte ihre Autorität, so im Falle der polnischen Partei, die sich auf ihren Rat hin auflöste.

Wenige Jahre nach der Auflösung der Kommunistischen Internationale 1943 wurde 1947 die Kominform

(Informationskomitee) der führenden kommunistischen Parteien Europas gegründet, deren Länder später den Warschauer Pakt und danach den RGW bildeten. Sitz der Kominform war Bukarest. Die Zeitschrift, die sie herausgab, hatte einen extrem langen, bezeichnenden Titel: »Für dauerhaften Frieden, für Volksdemokratie«.

1955 hielt ich mich in den Büros der Kominform auf. In jenen Tagen hatte die Kommunistische Partei Uruguays ihren Generalsekretär Eugenio Gómez Chiribao ausgeschlossen, an seine Stelle war Rodney Arismendy getreten. Anscheinend überraschte dieser Wechsel die Kominform. Ich war in Montevideo gewesen und hatte mit diesem und jenem gesprochen. Man befragte mich zu beiden und zur Situation in der uruguayischen Partei. Die Kominform verhielt sich nicht wesentlich anders, als es zuvor die Komintern getan hatte. Nach einigen Jahren existierte sie nicht mehr. Aber sie hielt an der Idee eines Führungszentrums fest, das sie internationale kommunistische Bewegung nannte. Die Kommunistische Partei der Sowjetunion wurde - wie bereits gesagt - zur »Vorhut«, zur Partei, die sich an die Spitze der anderen stellte. Aber die Dinge und die Kriterien begannen schon sich zu verändern. Im Rahmen des XXI. Parteitages der KPdSU wurden wir ausländischen Delegierten von den Sowjets befragt, ob eine derartige Formulierung beibehalten werden sollte oder nicht. Ich war der einzige Delegierte aus Chile. Ich antwortete, über eine solche Angelegenheit müßte ich mich mit meiner Parteileitung beraten. Die Frage wurde auf der Konferenz der Kommunistischen Parteien 1957 in Moskau erneut gestellt, an der von unserer Seite José González und Jorge Montes teilnahmen. Man konnte sich nicht einigen. Karlson, Vorsitzender der dänischen Partei, protestierte als erster. Mao Zedong ergriff das Wort und sagte: »Sogar die Wilden hatten einen Anführer, und wir, die wir keine Wilden sind, warum sollten wir keinen haben?«

Mao war ein Mann, der die Bewunderung all derer erregte, die ihn kannten, und der in seinem Land hoch verehrt wurde. Er hatte eine schlichte, metaphernreiche, für jedermann verständliche Sprache. Er war etwas rätselhaft. Als wir, eine Gruppe führender lateinamerikanischer Kommunisten, 1960 China besuchten, war sein Empfangsraum ein Eisenbahnwaggon, der in einem Textilzentrum, mehrere Kilometer von Peking entfernt, stand. Etliche Stunden lang legte er uns seine Sicht der internationalen Lage dar. Der Venezolaner Pompeyo Márquez leitete eine kleine Kommission, die detailliert die Gespräche, die wir mit ihm, mit Liu Shao Shi, Tschu Enlai und anderen chinesischen Führern hatten, protokollierte. Die Kopie, die ich mitnahm, ging in einem der vielen Verstecke verloren, in denen meine wichtigsten Dokumente während der Zeit der Diktatur verborgen waren.

Damals waren die Diskrepanzen zwischen Sowjets und Chinesen kaum zu spüren. Erst später traten sie auf beiden Seiten offen und scharf zutage. Es ging dabei um verschiedene Aspekte der Politik der friedlichen Koexistenz. Die Chinesen verwarfen die sowjetische These, daß es möglich wäre, einen dritten Weltkrieg zu vermeiden, und, wie um die Spaltung zu vertiefen, verehrten sie weiterhin die Persönlichkeit Stalin auch nach der Aufdeckung von dessen Verbrechen und nach der Verurteilung des Personenkults auf dem XX. Parteitag der KPdSU.

Die kommunistische Bewegung war zuvor bereits durch die Kontroversen mit der Liga der Kommunisten Jugoslawiens erschüttert worden. Sie konzentrierten sich vor allem auf die Art von Sozialismus, den Josip Broz Tito und die Seinen aufzubauen entschlossen waren. Es war ein Sozialismus, der vom sowjetischen Modell abwich und der auf der Basis der Eigenverantwortung der in Arbeiterhand befindlichen Betriebe beruhte. Das wurde als Ketzerei betrachtet und weckte den Zorn des Kremls. Es kam zu schärfsten Verurteilungen. Die Liga der Kommunisten Jugoslawiens wurde als revisionistisch eingestuft. Wir schlossen uns diesem Urteil an. Wir beriefen ein Sonderplenum ein, um darüber zu beraten, und veröffentlichten sogar ein Buch, »Das jugoslawische Problem«, um die »Abweichungen« der Partei Titos zu entlarven. Aber das lag weit zurück. Chrustschow war es gelungen, ein Klima der Freundschaft mit Belgrad und der Partei Titos zu schaffen.

Die Probleme mit Peking führten zu einem echten Bruch, der die Reihen der kommunistischen Bewegung erschütterte. Aus Anlaß des Ersten Kongresses der Kommunistischen Partei Kubas versammelten sich in Havanna die lateinamerikanischen Delegierten und beschlossen, eine Delegation nach China zu entsenden, um für eine Verständigung einzutreten oder wenigstens für einen angemessenen Umgang mit den Differenzen. Die Delegation wurde von Carlos Rafael Rodríguez angeführt, der Mao gegenüber der allgemeinen Besorgnis Ausdruck gab und Ratschläge der lateinamerikanischen Kommunisten unterbreitete. Der chinesische Führer hörte aufmerksam und respektvoll zu. Er wußte natürlich ganz genau, wer die einzelnen Gesprächspartner waren. Nachdem Rodney Arismendy gesprochen hatte, brach er sein Schweigen und fragte ihn: »Nicht wahr, Sie sind der Generalsekretär der Kommunistischen Partei Uruguays?« - »Ja, Compañero«, erwiderte Rodney. »Sagen Sie mir doch«, fuhr Mao fort, »wie viele Einwohner hat Ihr Land?«

Im Charakter und in der Denkungsart Maos liegt eine gehörige Portion Chauvinismus.

Mitte der sechziger Jahre hörten wir chilenischen Kommunisten auf, von der KPdSU als der führenden Partei des Kommunismus in der Welt zu sprechen. Und während wir unsere politischen Beziehungen zur sowjetischen Partei und zu den meisten kommunistischen Parteien Europas und Amerikas entwickelten, unterstrichen wir besonders unsere Solidarität mit Kuba und Vietnam und konzentrierten unsere Aufmerksamkeit auf die Frage, wie wir unserer eigenen Revolution den Weg bahnen und sie voranbringen konnten. Doch Gewohnheiten und alte Ideen verschwinden nicht so einfach. Daraus erklärt sich, daß wir am Ende meines ersten Besuches in der Deutschen Demokratischen Republik nach meiner Befreiung aus dem Konzentrationslager Tres Alamos gemeinsam mit der Sozialistischen Einheitspartei Deutschlands ein Kommuniqué unterzeichneten, in dem wiederum die Rede ist von der Vorhutrolle der KPdSU und der Sowjetunion war. »Wie konntest du das unterschreiben?« fragte mich Gian Carlo Pajetta einige Tage später. Unser Vertreter in Berlin hatte sich an der Redaktion des Kommuniqués beteiligt, und ich hatte aufgrund des vollen Programms, das die deutschen Genossen für mich vorbereitet hatten, noch keine Gelegenheit gehabt, es zu lesen. Ich sagte das Gian Carlo und fügte hinzu, der Fehler läge bei unserem Vertreter. Ausgearbeitet wurden die Kommuniqués stets von den Gastgebern, ob nun in Moskau, Berlin, Sofia oder in einer anderen sozialistischen Hauptstadt. Und die Gäste diskutierten nicht über den Inhalt, sondern stimmten einfach nur zu. Eine Ausnahme bildeten ganz wenige Parteien, beispielsweise die französische und die italienische. Auch die kubanische Partei gehörte dazu - eine besondere Ausnahme -, sie folgte nicht der Sitte der gemeinsamen Kommuniqués, und in den Pressemeldungen über die zwischenparteilichen Begegnungen benutzte sie nicht die übliche floskelhafte Formulierung, daß die Begegnung »in einer Atmosphäre herzlicher Freundschaft«verlaufen sei.

Nach der Auflösung er Internationale und dem Verschwinden der Kominform wurden unter nicht geringen Schwierigkeiten die Bemühungen um den Zusammenhalt der kommunistischen Parteien fortgesetzt. Die wachsende Problematik und Unterschiedlichkeit der Situation in den einzelnen Ländern sowie in der Welt und die neuerliche Bekräftigung des Konzeptes der Autonomie nach dem XX. Parteitag bestimmten die Positionen der Parteien, die nicht immer gleichwertig waren und nicht immer konform waren. Die Niederschlagung der sogenannten Konterrevolution von Nagy in Ungarn im Oktober 1956, der Einmarsch der Truppen des Warschauer Paktes im August 1968 in der Tschechoslowakei und die sowjetische Intervention in Afghanistan 1979 stellten den Zusammenhalt der internationalen kommunistischen Bewegung auf eine harte Probe. Einige Parteien protestierten gegen die Haltung der UdSSR und ihrer europäischen Verbündeten.

Heute ist absolut klar, daß die sowjetische Invasion in Afghanistan ein schwerer Fehler gewesen ist; sie wurde, wie man inzwischen weiß, nicht von der sowjetischen Regierung oder vom Zentralkomitee der Partei beschlossen, sondern von vier oder fünf Mitgliedern des Politbüros. Wir haben den Schritt unterstützt. In einem Artikel für die »Prawda« rechtfertigte ich ihn. Ich stützte mich auf das Material, das uns zur Verfügung stand und in dem es hieß, daß die Imperialisten sich verschworen hatten, die Regierung in Kabul zu stürzen und die demokratische Entwicklung des Landes zu beenden; zudem verwies ich auf die Existenz des Beistandspaktes zwischen der UdSSR und

Afghanistan, der es beiden Staaten gestattete, den jeweils anderen um Hilfe zu bitten, auch um militärische Hilfe. Das war 1979. Kurz danach war der Irrtum offensichtlich. Die Zeit verstrich, der Krieg zog sich in die Länge, und der Widerstand der Mudschaheddin konnte nicht gebrochen werden. Es war klar, ihre Lebensgewohnheiten und ihr Gesellschaftssystem konnte nicht mit Waffengewalt verändert werden.

Was Ungarn und die Tschechoslowakei betrifft, so hatten wir chilenischen Kommunisten, obwohl wir die UdSSR unterstützten, keine unbedingt und blind zustimmende Haltung. Mit Sympathie beobachteten wir die demokratischen Bestrebungen sowohl bei Nagy wie bei Dubcek. Imre Nagy war während der Stalin-Ära aus der Partei ausgeschlossen und nach dem XX. Parteitag der KPdSU wieder aufgenommen worden und vertrat maßgebend eine Tendenz, die darauf gerichtet war, einen eigenen, unabhängigen Weg beim Aufbau des Sozialismus einzuschlagen. Wir befürworteten diese Position. Ich war Mitglied des Sekretariats des Zentralkomitees und schrieb einen Artikel für »El Siglo«, in dem ich dieser Sympathie Ausdruck verlieh. Doch neben dieser demokratischen Tendenz verstärkte sich eine andere, die das Ziel verfolgte, zum Kapitalismus zurückzukehren, wobei die von der Regierung Rakosi begangenen Fehler und die Ausweitung der allgemeinen Freiheiten ausgenutzt wurden. Gegen diese Gefahr richtete sich die sowjetische Intervention. Was dann folgte, war der Beweis, daß Ungarn, mittlerweile unter Führung von Janos Kadar, sich nicht nach rückwärts wandte, es kehrte nicht zum Regime stalinistischen Typus eines Matias Rakosi zurück, sondern vermochte es, voranzuschreiten und den Sozialismus mit Unterstützung der Mehrheit des Volkes, mit größerer Freiheit und auf einem Weg voranzubringen, der sich in vielerlei Hinsicht vom Modell in Moskau unterschied.

In der Tschechoslowakei war die Situation ähnlich. Ende 1967 bildete sich eine Reformbewegung heraus, angeführt von der Kommunistischen Partei unter ihrem Generalsekretär Alexander Dubcek. Im Mai des darauffolgenden Jahres erklärte das Plenum ihres Zentralkomitees, daß im Prozeß der demokratischen Entwicklung eine Gefahr von rechts entstanden war, die, wie zwölf Jahre zuvor in Ungarn, den Kapitalismus wiederzuerrichten drohte. Die Rechten hielten den Club 237 besetzt und verwandelten ihn in einen Armeestab. Sie hatten beträchtlichen Einfluß auf die Massenmedien. Gegründet worden war die Rechtmäßige Sozialistische Partei. Losungen wie »Kommunisten raus aus den Gewerkschaften« und »Sozialismus ohne Kommunisten«wurden verbreitet. Gefordert wurde die Auflösung der Arbeitermilizen. Und all das auf dem Höhepunkt des Kalten Krieges und des Krieges in Vietnam. Ein Zusammenbruch des Sozialismus in der Tschechoslowakei zu dem Zeitpunkt wäre ein unvorstellbarer Schlag gewesen gegen den Kampf des vietnamesischen Volkes, und wahrscheinlich hätte er die politische Landschaft in Europa ähnlich verändert, wie es 19 Jahre später dann geschehen ist. So war die Situation. Unsere Partei erklärte damals, daß sie, 15 000 Kilometer vom Brennpunkt der Ereignisse entfernt, nicht in der Lage wäre, einzuschätzen, ob der Sozialismus in der Tschechoslowakei in Gefahr sei und ob das tschechische Volk genügend Kraft habe, sich ohne Hilfe von außen zu verteidigen. Dennoch unterstützte sie die Länder des Warschauer Paktes, die Truppen in die Tschechoslowakei schickten. Sie tat das im Vertrauen darauf, daß die, die diese Entscheidung getroffen, die reale Situation korrekt eingeschätzt hatten.

Vor kurzem war aus den am 18. Februar 1991 in der »Prawda« veröffentlichten Enthüllungen von Aristow, dem ehemaligen sowjetischen Botschafter in Budapest, zu erfahren, Janos Kadar sei nicht überzeugt gewesen, daß in der Tschechoslowakei die Gefahr einer Konterrevolution bestanden habe. Er war überdies der Meinung gewesen, daß Alexander Dubcek ein ehrlicher, verantwortungsbewußter Mann und daß das Auftauchen anarchischer Elemente in der Tschechoslowakei ein vorübergehendes Phänomen sei. Diese Ansichten vertrat er im Mai gegenüber Gomulka, als dieser anläßlich der Unterzeichnung des Freundschaftsvertrages in der ungarischen Hauptstadt weilte. Im August dann, so fügt Aristow hinzu, änderte Kadar seine Meinung und vertrat nun die Ansicht, daß jene Gefahr wirklich bestehe. Dennoch schrieb Kadar wenige Tage vor dem Einmarsch der Truppen des Warschauer Paktes in tschechisches Gebiet an Dubcek und schlug ihm eine Begegnung an der ungarischen Grenze oder in der Slowakei vor. Ceaucescu und Tito luden Dubcek ihrerseits zu Gesprächen nach Bukarest beziehungsweise nach Belgrad ein. Dubcek entschuldigte sich mit der kritischen Situation in seinem Land. Daraufhin schlugen beide vor, zu ihm nach Prag zu kommen, doch sie erhielten keine Antwort.

Einige Wochen nach den tschechischen Ereignissen traf ich mich mit Enrique Líster, dem ehemaligen General der spanischen republikanischen Armee und der sowjetischen Armee während des Zweiten Weltkrieges. Líster lebte in Prag. Er sagte, er sei nicht sicher, ob es zwingend notwendig gewesen sei, daß die Truppen in tschechisches Gebiet einmarschieren; den Fakt als solchen verurteile er aber nicht.

Am 5. Dezember 1989, als die Krise des real existierenden Sozialismus auf ihrem Höhepunkt war, veröffentlichten die Moskauer Zeitungen zwei Kommuniqués über die Tschechoslowakei, eines seitens der sowjetischen Regierung, das andere seitens der führenden Staatsmänner der Sowjetunion, der DDR, Polens, Bulgariens und Ungarns. In beiden Dokumenten wurde der Einmarsch der Truppen in tschechisches Gebiet als Einmischung in die inneren Angelegenheiten eines souveränen Staates bezeichnet. Hinzugefügt wurde, daß dieser Schritt den demokratischen Prozeß in der Tschechoslowakei, den sogenannten Prager Frühling, unterbrochen habe. Diese Erklärung wurde in einer Situation abgegeben, in der eine sachliche und verantwortungsvolle Analyse jener Ereignisse möglich war, die nun, 21 Jahre später, verurteilt wurden. Die Generalsekretäre der Parteien in diesen Ländern wurden von den Kräften unter Druck gesetzt, die die Perestroika ins Leben gerufen hatten, denn sie liefen Gefahr, ihre Machtpositionen zu verlieren.

Der Pakt von 1939 und seine Geheimnisse

Ein halbes Jahrhundert nach der Unterzeichnung des deutsch-sowjetischen Paktes von 1939 wurde die Diskussion darüber neuerlich entfacht. Das sowjetische Parlamen beauftragte Mitte 1989 eine Kommission damit, einen Bericht anzufertigen, da es über sein Zustandekommen in der UdSSR zu Auseinandersetzungen gekommen war. Geleitet wurde sie von Alexander Jakowlew. In einem Interview in der »Prawda« vom 18. August äußert er: »... vor 50 Jahren, genauer am 19. und 20. August 1939, als Stalin bereit ist, den deutschen Außenminister Ribbentrop in Moskau zu einem Gespräch zu empfangen, hatte die Sowjetunion keine andere Wahl. Sie allein konnte den Krieg nicht verhindern. Es war ihr nicht gelungen, Frankreich und England als Verbündete zu gewinnen. Es blieb also nichts anderes übrig, als zu vermeiden, daß sie in den Sog des Krieges hineingezogen wurde, für den sie 1939 noch weniger gerüstet war als 1941.«

»Bedeutet das«, fragt die »Prawda« daraufhin, »Stalin war durch die Umstände gezwungen, den Nichtangriffspakt zu unterzeichnen?«

Alexander Jakowlew betont die Notwendigkeit, das Geschehen im historischen Kontext zu sehen, und fügt dann kategorisch hinzu: »... aus den Tatsachen, zumindest aus den bekannten, geht hervor, daß am 20. August die Beziehungen zwischen der UdSSR, England und Frankreich in einer Sackgasse stecken, also praktisch gescheitert sind.« Die beiden Westmächte hatten den Abbruch der Handelsbeziehungen gefordert, in einer Situation, da, wie sie wußten - und auch die UdSSR wußte das -, Hitler die Invasion in Polen auf den 1. September, als spätesten Termin, festgelegt hatte. Zum gleichen Zeitpunkt, unterstreicht Jakowlew, haben London und Berlin ein geheimes Treffen zwischen Chamberlain und der Nummer zwei des Dritten Reichs, Göring, für Mitte August auf den britischen Inseln vereinbart.

In dieser Situation wurde der Pakt von den Außenministern Molotow und Ribbentrop am 23. August 1939 unterzeichnet. Am 23. August 1989, also genau 50 Jahre danach, schrieb Francis Clemieux in »Le Monde«, der Pakt habe es der Sowjetunion gestattet, »Atem zu schöpfen und ihre Verteidigung zu verstärken«, und Hitler »hatte beschlossen, Anfang September Polen zu überfallen, mit oder ohne Pakt«. Der Plan der Invasion wurde im April ausgearbeitet. Bereits im Juni standen acht Divisionen an der polnischen Grenze. Der englische Botschafter in der UdSSR, Mr. Seeds, sagte 1940: »Ich muß zugeben, daß der Realismus der Bolschewiki und ihre nationalen Interessen zur einzig möglichen Entscheidung drängten.«

Vor mehr als 50 Jahren, im Oktober 1939, veröffentlichte ich in Iquique, wo ich damals arbeitete, einen etwa 30 Seiten umfassenden Artikel, in dem ich die Hintergründe darlegte, die die UdSSR veranlaßt hatten, mit Hitler-Deutschland den berüchtigten Nichtangriffspakt zu schließen. Zu dem, was ich damals sagte, stehe ich noch heute, ein Punkt ausgenommen: Ich betonte entschieden, der Pakt enthielte keinerlei geheime Klauseln.

Acht Tage nach Unterzeichnung des Paktes durch die Außenminister Deutschlands und der Sowjetunion, Ribbentrop und Molotow, versammelte sich der

Oberste Sowjet, um ihn zu ratifizieren. Und selbstverständlich wurde er ratifiziert. Molotow unterstrich bei dieser Gelegenheit, »der Pakt ist ein Wendepunkt in der Geschichte Europas und nicht nur Europas«. Und er fügte hinzu: »Die Sowjetunion hat den Nichtangriffspakt mit Deutschland geschlossen, unter anderem weil die Verhandlungen mit Frankreich und England auf unüberwindliche Schwierigkeiten gestoßen und durch die Schuld der englisch-französischen Führung gescheitert sind.«

Die Unterzeichnung des Paktes zwischen den beiden Ländern, die ideologisch und politisch extrem gegensätzliche Standpunkte vertraten, verwirrte die ganze Welt und vor allem die kommunistischen Parteien. Auch die Kommunistische Partei Chiles war natürlich betroffen. Dennoch billigte sie den Vorgang und verteidigte ihn.

Wenn ich mir das Geschehen jener Zeit wieder vor Augen führe, verstärkt sich in mir die Überzeugung, daß die Sowjetunion einen solchen Schritt unbedingt tun mußte.

Der Zweite Weltkrieg begann am 1. September. Viele sahen darin eine Konsequenz des deutsch-sowjetischen Paktes. Die Wochenzeitschrift »Novedades de Moscú«schloß sich in ihrer Nummer 34, 1989, diesem Urteil an. Wir teilen diese Meinung nicht. Der Pakt löste den Krieg nicht aus, er konnte ihn freilich auch nicht verhindern. Das einzige, was hätte erreicht werden können - wenn es diese Möglichkeit überhaupt gegeben hatte -, wäre der Abschluß eines Sicherheitsabkommens gewesen, wie ihn die Sowjetunion wiederholt England und Frankreich vorgeschlagen hat. Doch dazu kam es nicht, die Verantwortung dafür trägt in erster Linie Chamberlain. Als Engländer wollte er nicht, daß Deutschland den Kopf hebt, zwar paßten ihm die expansionistischen Bestrebungen Hitlers nicht, doch er sah im Faschismus auch einen guten Gegenpol zum Kommunismus. Er war einerseits dafür, daß die Sowjetunion mit ihren Truppen gegebenenfalls dazu beiträgt, jegliche deutsche Aggression zu vereiteln, und war andererseits nicht bereit, englische und französische Truppen zu entsenden, falls sich eine solche Aggression gegen den Osten, das heißt gegen die UdSSR, richtete.

Die Politik der kollektiven Sicherheit, für die sich die Sowjetunion stark machte, sah folgende Prinzipien vor, die Molotow unterbreitet hatte:

1. Abschluß eines wirksamen Beistandspaktes zwischen England, Frankreich und der Sowjetunion, eines Paktes mit rein defensivem Charakter;

2. Zusicherung von seiten Englands, Frankreichs und der Sowjetunion gegenüber den Staaten Mittel- und Westeuropas sowie gegenüber allen europäischen und allen an die Sowjetunion grenzenden Länder, im Falle des Angriffs auf eines der jeweiligen Länder gemeinsam zu handeln;

3. Abschluß eines konkreten Abkommens zwischen England, Frankreich und der Sowjetunion über Waffenlieferungen und sofortige wirksame Hilfe untereinander und für die genannten Staaten im Falle einer Aggression.

Die Frage stellt sich, ob der Krieg wirklich 1939 begann oder nicht schon früher. Valentin Falin, Historiker und ehemaliger Botschafter der UdSSR in Washington und Nachfolger von Boris Ponomarjow in der Abteilung Internationale Beziehungen beim Zentralkomitee der KPdSU, äußerte sich in einer von der Zeitschrift »Woprosy istorii« organisierten Diskussionsrunde dahingehend, daß der Krieg am 7. April 1939, also mit dem Überfall des faschistischen Italien auf Albanien, begonnen habe. Und er fügte hinzu, für die Tschechoslowakei habe der Krieg bereits im September 1938 begonnen, für Spanien 1936, für Äthiopien 1935 und für China 1931. Was die UdSSR anbelange, präzisierte Falin, »so lieferte sie sich bereits im August 1939 heftige Kämpfe mit Japan«, was sich auf die Gespräche in Moskau auswirkte, wo in eben dem unheilvollen Monat der Pakt zwischen Ribbentrop und Molotow geschlossen wurde. Japan griff von seinen Stützpunkten in der Mandschurei, die es erobert hatte, aus die Mongolei an, zu deren Verteidigung sowjetische Truppen herbeieilten, unter Berufung auf den Beistandspakt zwischen beiden Ländern.

Seit der Faschismus in Deutschland an die Macht gekommen war, verkündete er die Sonderstellung der arischen Rasse, sprach er vom Lebensraum des deutschen Volkes und bekundete seine Absicht, die Landkarte Europas dadurch zu verändern, daß er den Versailler Vertrag für null und nichtig erklärte. Von da an waren vor allem zwei Positionen maßgebend, zwei Kriterien, zwei Haltungen gegenüber einem drohenden, zweiten Weltkrieg. Die Sowjetunion schlug England und Frankreich ein Sicherheitsabkommen vor, kraft dessen die Armeen der drei Länder einen deutschen Angriff zurückschlagen könnten, mit welchem Ziel auch immer er welches Land auch immer überfallen würde. England und Frankreich, in erster Linie England, lehnten den Vorschlag ab oder, besser gesagt, sie akzeptierten ihn halb, das heißt sie wollten die Sowjetunion unterstützen, falls sich der Angriff gegen sie selber oder ihre Verbündeten richtete, nicht aber, wenn er gegen die UdSSR gerichtet war. Im Grunde wollten sie, daß diese ihnen die Kastanien aus dem Feuer holt, und dabei Hitler die Türen geöffnet halten, falls er sich in irgendeinem Moment gegen die Sowjetunion wandte.

Der Antikommunismus machte die Westmächte blind. »Unsere führenden Politiker«, sagte General De Gaulle in seinen Memoiren, »dachten weniger daran, gegen Hitler zu kämpfen, sondern eher daran, die UdSSR zu schlagen.«

England und Frankreich verhielten sich gegenüber dem Aggressor schwankend und abwartend. Neville Chamberlain war der große Beschwichtiger. Wie der Hunger der wilden Tiere gestillt wird, wenn sie zu fressen bekommen, so, glaubte er, auch den Hunger der »braunen Bestie«, wie der deutsche Faschismus in jenen Jahren genannt wurde, stillen zu können. Infolge dieser Nachsicht konnte es am 11. März 1938 zum Anschluß, zur Annexion Österreichs durch Deutschland, kommen. Auch auf die Tschechoslowakei hatte es Hitler abgesehen. Sie hatte einen Beistandspakt mit Frankreich und der Sowjetunion geschlossen. Tschechen und Slowaken waren bereit, zu den Waffen zu greifen und ihr Land zu verteidigen, vorausgesetzt, Franzosen und Sowjets hielten ihre Verpflichtungen ein. Die Sowjets versprachen es, sofern Frankreich ebenfalls zu seinem Wort stünde. Doch Frankreich machte einen Rückzieher. Sein Premierminister Daladier traf sich am 29. September 1938 mit Chamberlain, Mussolini und Hitler in München, wo sie das Abkommen unterzeichneten, das den Namen dieser Stadt trägt und das nichts weniger bedeutete als die Zerschlagung der Tschechoslowakei. Hitler versicherte, das sei sein letzter expansionistischer Anspruch gewesen. Chamberlain und Daladier betonten, das Münchner Abkommen sei ein Friedensvertrag. Sechs Monate brauchte es, damit die ganze Welt begriff, daß sie betrogen worden war. Am 15. März 1939 besetzte Hitler die restlichen Teile der Tschechoslowakei und plante eine nächste Annexion: Er forderte die Hafenstadt Danzig und einen Korridor durch polnisches Territorium. Chamberlain bekannte im Unterhaus, daß München keinen Frieden gebracht hatte. »Hitler«, so sagte er, »hat sich mies verhalten. Aber er soll uns kennenlernen. Wir werden nun einen anderen Weg einschlagen. Ab sofort gehen wir mit allen Ländern zusammen, die Frieden wollen.«

Doch was dann kam, entsprach, wie gesagt, nicht dieser Erklärung.

Auf hartnäckiges Drängen der Sowjetunion hin kam am 10. August 1939 eine französisch-englische Delegation nach Moskau mit dem Ziel, ein militärisches Abkommen zu schließen, das dem Aggressor gegebenenfalls Einhalt gebieten könnte. 26 französische und britische Offiziere gehörten der Delegation an. Sie wurden in Leningrad und danach in Moskau herzlich begrüßt. Am 11. August empfing sie Molotow. Sie aßen gemeinsam. Großartige Trinksprüche auf die Freundschaft zwischen den Völkern wurden ausgebracht, Gespräche geführt. Doch anderntags wurde deutlich, daß man keinen Schritt vorangekommen war. Die Mitglieder der westlichen Delegation hatten keine wirklichen Vollmachten und zeigten keine Eile, eine Vereinbarung auszuhandeln. In dieser Situation warf Marschall Woroschilow, Leiter der sowjetischen Militärdelegation, am 14. August seinen Gesprächspartnern vor, nicht präzise genug auf die aufgeworfenen Fragen zu antworten. Am 17. August vertagte man sich auf den 21. Der Journalist Jean-Pierre Azéma schrieb am 19. Juli 1989 in »Le Monde": »Die Sowjets waren verunsichert ob der Inkompetenz der britischen Delegation.« General Doumenc aus Frankreich, so fügt er hinzu, sei ermächtigt gewesen, über jedwede militärische Angelegenheit zu verhandeln; doch Admiral Drax-Plunkett habe über keine exakten Instruktionen verfügt. Woroschilow durchschaute, daß die Briten den Auftrag hatten, die

Verhandlungen in die Länge zu ziehen und allgemeine Fragen zu erörtern, anstatt konkret über Möglichkeiten nachzudenken, wie auf die drohende Aggression geantwortet werden könnte. Das englische Spiel, so muß betont werden, erklärt sich teilweise durch die Tatsache, daß Polen es ablehnte, sowjetische Truppen durch sein Territorium marschieren zu lassen, obwohl es keine andere Möglichkeit gab, sich der Hitlerarmee entgegenzustellen, da die UdSSR nirgends an Deutschland grenzte. Der polnische Generalstabschef erklärte: »Ich kann nicht glauben, daß die Russen wirklich gegen die Deutschen kämpfen wollen ... Wenn wir ihnen erlauben, in unser Territorium einzumarschieren, werden sie da bleiben.« Oberst Beck, seit den dreißiger Jahren der starke Mann in Polen, sagte: »Von den Deutschen droht uns der Verlust der Freiheit, von den Russen der Verlust unserer Seele.« Bernard Frederick behauptet in »L'Humanité«vom 30. August 1989: »Polen war die Nation, die den höchsten Tribut an die Nazibarbarei zu zahlen hatte: Der Krieg kostete es etwa ein Viertel seiner Bevölkerung.« Am Ende, am 8. Mai 1945, hatte Polen sechs Millionen achtundzwanzigtausend Einwohner verloren, davon waren drei Millionen Juden.

Dieser schreckliche Verlust hätte, wie alle Verluste im Zweiten Weltkrieg, vermieden werden können, wenn die antikommunistischen Vorurteile in London, Paris, Warschau und anderen Hauptstädten des Westens nicht überhand genommen hätten; der Krieg hätte verhindert werden können, wenn es zur Bildung einer gemeinsamen Front der Regierungen, Armeen, Parteien, Gewerkschaften gegen den Faschismus gekommen wäre. Die Sowjetunion machte wiederholt Vorschläge in diesem Sinne, und etliche Male wandte sich die Kommunistische Internationale an die Zweite Internationale und an die internationale Gewerkschaftsbewegung, an die Gewerkschaften, die ihr angehörten, erließ dramatische Aufrufe zum gemeinsamen Handeln, um den Faschismus aufzuhalten, die Demokratie zu verteidigen und den Frieden zu retten.

Von welcher Seite auch immer man den deutsch-sowjetischen Vertrag von 1939, den Nichtangriffspakt, betrachtet, er ist vor der Geschichte gerechtfertigt. Keine Rechtfertigung hingegen haben die Geheimprotokolle, die ihn begleiteten. Wie bereits gesagt, ratifizierte der Oberste Sowjet den Vertrag, nicht aber die Protokolle. Die sind vom Kreml immer geleugnet worden. Sie verschwanden aus dem sowjetischen Außenministerium. 1989 sagte mir ein hoher Funktionär der KPdSU, daß, als die Deutschen sich Moskau näherten, beschlossen wurde, viele Dokumente zu verbrennen, darunter die russischen Originale dieser Protokolle. Ein anderer betonte mir gegenüber, die Dokumente seien aus dem Außenministerium nach Kuibischew verlagert worden, auf die andere Seite der Wolga, als Kuibischew die Funktion der sowjetischen Hauptstadt übernahm und in der Metropole nur das Verteidigungskomitee zurückblieb, an dessen Spitze Stalin stand. Tatsache ist, daß in dem obenerwähnten Interview, das Jakowlew der »Prawda«gab, der sowjetische Führer anläßlich des 50. Jahrestages der Unterzeichnung des Paktes erklärte: Zwar besitze die UdSSR nur noch die Kopien der Protokolle, doch deren Existenz könne deshalb doch nicht geleugnet werden. »Alle späteren Aktivitäten der deutschen und der sowjetischen Kräfte stützen sich auf die in den Protokollen vorgebenen Richtlinien.« Es handelt sich um die Curson-Linie, die im Versailler Vertrag formuliert worden war.

Ich hatte mein Buch fast beendet, da erreichte mich am 30. Oktober 1992 die Nachricht, daß die Originale der Protokolle in den Archiven des Politbüros der KPdSU aufgefunden worden seien. Das verkündete der Militärhistoriker und Jelzin-Berater Dmitri Wolkogonow in Moskau vor russischen Journalisten und Auslandskorrespondenten. Entsprechend dem ersten Geheimprotokoll, unterzeichnet am 23. August 1939, dem Tag, an dem der Nichtangriffspakt offiziell unterzeichnet wurde, sollten Estland und Lettland in sowjetische und Litauen in deutsche Hände kommen. Am 28. September wurde in einem weiteren Geheimprotokoll auch Litauen sowjetisches Territorium. Schon am 8. Oktober einigte man sich, ein kleines Gebiet an der Südwestgrenze Litauens Deutschland zu überlassen. Dieser Grenzstreifen wurde dann am 10. Januar 1941 von Deutschland an die UdSSR für 31,5 Millionen Reichsmark verkauft. Man kam überein, ein Sechstel der Summe durch sowjetische Buntmetallieferungen innerhalb von drei Monaten und die Hauptsumme sofort in Gold zu bezahlen.

Zwar sind die Originale der Protokolle weder in Deutschland noch in der UdSSR oder sonstwo auf der Welt aufgetaucht, dennoch wußte man, daß es sie gibt. Außer der Argumentation von Jakowlew lagen weitere Beweise vor.

In der von der Zeitschrift »Woprosy istorii« 1989 in Moskau organisierten Gesprächsrunde betonte der politische Analytiker Lew Besymenski, daß im Bonner Außenministerium die Protokolle nur deshalb nicht aufgetaucht sind, weil sie bei der Bombardierung Berlins vernichtet wurden. Aber, so fügte er hinzu, es kursieren Kopien, die auf Mikrofilme zurückgehen, welche 1943 auf Anordnung von Ribbentrop hergestellt wurden. Diese Mikrofilme wurden im Süden Deutschlands, in Thüringen, gelagert, wo der Legationsrat und Dolmetscher vom Ministerbüro Ribbentrop, Carl von Lösch, sie der anglo-amerikanischen

Forschungsgruppe zur Verfügung stellte. Die Filme gelangten nach London, wo sie für Churchill aufbereitet wurden. Die Positive der Mikrofilme aus der »Sammlung Lösch« werden im Nationalarchiv der Vereinigten Staaten (Gruppe T-120) aufbewahrt, während die Negative an die BRD zurückgingen. Bekannt ist, daß diese Filme (19 insgesamt) die Dokumente nicht geordnet enthalten, der Text des Vertrages ist auf Film 2, das Geheimprotokoll ist auf Film 19 (Abschnitte 179-185). Die Texte sind dort in russischer und in deutscher Sprache zu finden und tragen jeweils die Unterschrift von Ribbentrop und von Molotow. Außerdem ist eine mit Maschine geschriebene deutsche Fassung erhalten, eigens »für Hitler« gefertigt.

In den Geheimprotokollen vereinbarten Deutschland und die Sowjetunion das, was »die Aufteilung Polens«genannt wurde, genauer gesagt, vereinbart wurde, der UdSSR Gebiete anzugliedern, die, historisch gesehen, einst zum zaristischen Reich gehört hatten und danach Teil des sowjetischen Rußland gewesen waren, bis sie während der Intervention der 14 Länder gegen den entstehenden sozialistischen Staat abgetrennt wurden. Dennoch kann nicht bestritten werden, daß in diesem Falle die Sowjetunion zur Geheimdiplomatie griff und den schweren Fehler beging, Angelegenheiten gewaltsam zu lösen, die die Interessensphäre anderer Völker berührten, deren Mitspracherecht dabei völlig außer acht gelassen wurde.

Warum ich nicht früher gesprochen habe

Ich hege die Hoffnung, daß die auf diesen Seiten dargelegten Geschehnisse und die Überlegungen dazu beitragen können, die welterschütternden Ereignisse in der Sowjetunion und in Osteuropa zu verstehen, die zum zeitweiligen Untergang eines sozialistischen Systems geführt haben, dessen Errichtung soviel Kraft gekostet hat und das, trotz seiner Mängel und Schwächen, ein Bollwerk des Friedens und des Fortschritts der Menschheit auf dem Weg zu einer besseren Gesellschaft gewesen ist.

Ich weiß auch, daß vieles von dem, was ich hier sage, überraschen und sich zwangsläufig die Frage stellen wird, warum ich nicht früher gesprochen habe.

Da muß ich nun freilich erklären, daß ein Großteil von dem, was ich geschrieben habe, erst in der letzten Zeit ans Tageslicht gekommen ist und daß ich es aus Gesprächen oder Büchern und Zeitungen, die mir zur Verfügung standen, entnommen habe.

Es gibt auch lange zurückliegende Erfahrungen und Beobachtungen, denen ich keine besondere Bedeutung beimaß, oder diese war bewußt herabgemindert oder dem obersten Gebot untergeordnet worden, nichts zu sagen oder zu tun, was dem Prestige der Sowjetunion und der Einheit der revolutionären Weltbewegung schaden könnte.

Was war der Grund für ein solches Verhalten?

In den Revolutionen, die der russischen vorausgingen, war eine herrschende Klasse durch eine andere ersetzt worden, an die Macht kamen anstelle der einen Ausbeuter die anderen. Die von den Bolschewiki angeführte Revolution wollte mit jeglicher Form gesellschaftlicher Unterdrückung Schluß machen und eine neue Gesellschaft aufbauen, eine Gesellschaft ohne antagonistisch sich gegenüberstehende Klassen und schließlich ganz ohne Klassen. Sie war die tiefgreifendste gesellschaftliche Umwälzung in der Menschheitsgeschichte, der Beginn einer neuen Ära, der Ära des Sozialismus und des Kommunismus. Die Kanonen des Panzerkreuzers »Aurora«, die den Sturm auf den Winterpalais deckten, waren im entlegensten Winkel der Erde zu hören. Die Arbeiter und Intellektuellen begrüßten staunend das neue Morgen. Die Arbeiterbewegung erlebte einen weiteren Höhepunkt. Die Kolonialvölker fühlten sich ermutigt in ihrem Unabhängigkeitskampf. In vielen Ländern Lateinamerikas spielten von nun an die Studenten an der Seite der Arbeiter eine maßgebliche Rolle. Die fortschrittlichen Kräfte errangen beachtliche Erfolge. Die Reaktion auf den fünf Kontinenten zitterte. Nicht wenige bürgerliche Regierungen sahen sich gezwungen, Rechte zu gewähren, die sie den Arbeitern bisher verweigert hatten. Freilich, die eingefleischtesten Verteidiger des Kapitalismus taten alles, um dem proletarischen Staat, der auf dem jahrhundertelang von den Zaren regierten riesigen Territorium entstand, selbst das Allernotwendigste vorzuenthalten. Ansteckung unter allen Umständen vermeiden, die entstehende, neue Gesellschaft mit allen Mitteln unterdrücken - das war das erklärte Ziel, der beherrschende Gedanke in den mächtigsten kapitalistischen Staaten.

Die chilenischen Arbeiter, die bereits ihre eigene Partei hatten, die Sozialistische Arbeiterpartei, standen von Anfang an hinter dem sowjetischen Rußland. Recabarren sah in dem werdenden sozialistischen Staat »das mächtigste Bollwerk wahrer Demokratie des geachteten und fleißigen Volkes«. Der aktive Arbeiter und militante Demokrat, Juan Pradenas Muñoz, der später Senator wurde, Arbeitsminister und Botschafter war, unterstrich zum selben Zeitpunkt: »... der Sieg Lenins über Kerensky ist der Sieg des Volkes über die Bourgeoisie, der Sieg des Proletariats und die Niederlage derer, die Eigentum und Produktion in ihren Händen vereint hatten.« Vicente Huidobro schrieb ein schönes Gedicht, »Das Erwachen des Oktober« (»Eine Welt zerfällt, eine andere wird geboren / Eine Prozession bewegt sich zum Tode hin / Eine andere singt dem Leben entgegen / Eines ist die Vergangenheit, die sich versteckt / Ein anderes ist das Morgen, das erwacht und vibriert / Wie der Flügel des Tages«). Er schrieb auch seine »Elegie zum Tode Lenins«, in deren einem Vers es über den Führer der Oktoberrevolution heißt, er habe »die Menschheitsgeschichte zweigeteilt«.

Von jenen fernen Oktobertagen des Jahres 1917 an, über einen Zeitraum von fast einem Dreivierteljahrhundert, unterstützte die Kommunistische Partei Chiles entschlossen die Sowjetunion an den großen Kreuzwegen der Geschichte. Sie verteidigte sie gegen alle Angriffe. Sie stand stets Seite an Seite mit ihrer kommunistischen Partei. Heute kann man das in Frage stellen, und man muß eingestehen, daß es in dieser oder jener Situation ein Irrtum war oder sein konnte. Doch als Generallinie war das Verhalten korrekt. Es war Ausdruck eines Klassenstandpunkts.

Heutzutage beteuern viele hartnäckig, niemals Freunde der Sowjetunion gewesen zu sein. Einige gehen noch weiter: Sie werten es fast als Verdienst, eine antisowjetische Haltung eingenommen zu haben. Sie sagen freilich nicht, daß sie auf diese Weise mit den Feinden des Sozialismus gemeinsame Sache

gemacht und daß sie deren Drängen nachgegeben haben.
Luis Emilio Recabarren unterstreicht in der Zeitschrift »El Socialista«in Antofagasta vom 21. März 1921: »Es gibt keine halben Begriffe, die kann es nicht geben. Es gibt nur zwei Wege: Entweder wir stehen hinter unseren russischen Brüdern, also auch hinter der gesellschaftlichen Revolution, oder wir sind gegen sie ... Wer gegen das russische Proletariat ist, der ist, logische Schlußfolgerung, für die kapitalistische Gesellschaft, für die Unterdrücker ...«

Man mußte auf der einen und auf der anderen Seite der Barrikade stehen.

Ob in den Tagen der Revolution oder während des Interventionskrieges oder als der Faschismus aufkommt und mit neuer Versklavung droht oder mitten im Zweiten Weltkrieg und danach, in der langen Periode des Kalten Krieges - das Entscheidend-Wichtige war stets, geschlossen gegen den gemeinsamen Feind zu stehen. Davon waren auch die höchsten Vertreter der Wissenschaft, der Kunst und der Kultur in aller Welt überzeugt, die sich an die Seite der Sowjetunion stellten oder mit ihr sympathisierten. Der große Charlie Chaplin wandte sich zu Beginn des Krieges im Madison Square Garden in New York an die Weltöffentlichkeit. Er sagte: »Das Schicksal der Demokratie wird von den Kommunisten auf den Schlachtfeldern in Rußland entschieden.«

An der Seite der Sowjetunion standen die hervorragendsten Intellektuellen, auch in den Jahren der schrecklichsten Repressalien unter Stalin. Sie fühlten sich abgestoßen, aber sie schwiegen aus höheren, politischen Gründen.

Keiner drückte das Empfinden, drückte die Haltung, die unter solchen Umständen angenommen werden mußte, besser aus als Romain Rolland. Auf die Sowjetunion in den Jahren 1937 und 1938 bezogen, schrieb der Autor des »Jean Christophe«folgendes in sein Tagebuch: »Hier wurde ein Regime absoluter Willkür errichtet, ohne die elementarste Garantie für Freiheit. Ich verdränge die Notwendigkeit, darüber zu sprechen und zu schreiben. Schon die leiseste Andeutung einer Enthüllung würde wutschnaubende Feinde, in Frankreich wie in der ganzen Welt, veranlassen, meine Worte als vergiftete Pfeile zu benutzen.«

Ähnliche Erwägungen hielten Einstein davon ab, ein Protestschreiben gegen die von Stalin verordneten Repressionsmaßnahmen nach dem Mord an Kirow in Leningrad zu unterzeichnen.

Jean-Paul Sartre war in jenen Jahren der Meinung, man dürfe sich nicht zum Echo der Gerüchte über die Zwangsarbeit in der UdSSR machen, denn das könnte dazu führen, daß das französische Proletariat seinen Glauben verliert.

»Wir kennen die Fehler unseres Sozialismus; aber jede Kritik an ihm würde dazu benutzt werden, uns zu diskriminieren. In diesem Widerspruch sind wir nun mal befangen«, sagte Lukas bei Henry Lefebvre.

Das gegenwärtige Geschehen wirft viel Licht auf das vergangene. Gestern verfügten wir nicht über die Informationen, die wir heute haben, vor allem weil die sowjetische Gesellschaft eine verschlossene Gesellschaft war, und die Partei- und Staatsbürokratie war es in noch höherem Maße.

Eine kurze Erläuterung dazu:

Als ich Ende 1976 nach Moskau kam, war Nikolai Podgorny Staatsoberhaupt der UdSSR, ein stämmiger, sympathischer und witziger Mann. Er gehörte zu den engsten Mitarbeitern von Breshnew. Plötzlich verschwand er von der politischen Bühne. Ich erinnere mich nicht genau an die Begründung. Möglicherweise wurden, wie es üblich war, gesundheitliche Gründe angegeben, oder es wurde gar nichts dazu gesagt. Was ich sehr gut erinnere, ist, daß wir damals alle dachten, die wahren Ursachen seien politischer Natur. Mit Andrej Kirilenko verfuhr man ebenso. Von einem Tag zum anderen verschwand er aus dem Politbüro, aus dem Sekretariat und aus dem Zentralkomitee der Partei. Podgorny war wie vom Erdboden verschluckt, Kirilenko hingegen weiterhin zu sehen. Ich begenete ihm während einer Militärparade auf dem Roten Platz; auf der Ehrentribüne vor dem Lenin-Mausoleum stand er freilich nicht mehr, er stand abseits, dort, wo die Diplomaten und die Gäste der KPdSU und der gesellschaftlichen Organisationen standen. Ein andermal sah ich ihn im Kongreßpalast im Parkett sitzen. Er liebte Chile und die chilenischen Kommunisten sehr. Er hatte die Präsidenten Frei und Allende kennengelernt und andere demokratische Persönlichkeiten. »Er kam aus Chile zurück, singend wie eine Nachtigall«, erzählte mir Podgorny. Einmal erlaubte ich mir die Frage, was mit ihm geschehen sei. Ich fragte vergeblich. Ein nordamerikanischer Diplomat, der einige Zeit in der Sowjetunion gelebt hatte, sagte, die Leute in Moskau, die etwas wissen, reden nicht, und die, die reden, wissen nichts.

Wenn ich mich recht erinnere, wurde das Kommuniqué über den Tod Breshnews erst zwölf Stunden nach dessen Ableben veröffentlicht. Solange die Nachricht nicht veröffentlicht wurde, war er nicht tot. Jedenfalls wirft es ein bezeichnendes Licht auf die starren Gepflogenheiten.

Nichts wurde publiziert, ohne daß es von oben abgesegnet worden war oder von unten, von denen, die auf Weisung derer von oben handelten. Solcherart funktionierte der Apparat. Hinzufügen können wir, daß etliche Nachrichten die Mauer des Schweigens durchbrachen und von Haus zu Haus weitergegeben wurden, wobei sich jedoch natürlich Wahrheit und Klatsch vermischten. Es war eine Welt, die uns dort lebenden Chilenen verschlossen blieb.

In den sechs Jahren meines aufenthalts in der Sowjetunion erschienen in der Presse nie Polizeimeldungen. Es gab keine toten, keine Verletzten, keine Flugzeugkatastrophen, keine Eifersuchtsverbrechen oder dergleichen. Mit Perestroika und Glasnost änderte sich das. Beispielsweise fand ich in der Nummer 35 der »Tiempos Nuevos« aus dem Jahre 1989 aufschlußreiche Fakten. Hier einige Zahlen: 1984 gab es in der UdSSR 81 417 Selbstmorde, 1987 - 54 105 Selbstmorde. 1988 gab es 16 710 vorsätzliche Morde. Leider hinkte die UdSSR auf diesem Gebiet den kapitalistischen Ländern nicht hinterher.

Sogar über ein Erdbeben im April oder im Mai 1931 wurde nicht öffentlich berichtet. Es hatte Armenien betroffen, das Kupfergebiet im Sangesurgebirge. Mehrere tausend Tote und Verletzte waren zu beklagen, Tausende von Rindern verendeten, ...zig Dörfer wurden zerstört, die Einwohner waren ohne Dach überm Kopf, hatten nichts zu essen. Die sowjetische Presse war zum Schweigen verpflichtet worden. Eine armenische Schriftstellerin, Marjeta Shagunin, konnte die Zensur teilweise und geschickt durchbrechen: Sie schrieb einen Brief an die »Iswestja«, der am 9. Mai abgedruckt wurde. »Wird dem Sangesurgebiet die Hilfe verweigert«, heißt es in dem Brief, »ist die Kupferförderung gefährdet. Jedes Zelt für eine Familie, die ihr Haus verloren hat, wird dazu beitragen, ein Pud Kupfer mehr zu fördern, und jede unter freiem Himmel bei Wind und Wetter zugebrachte Nacht bedeutet, daß das Kupfer ungenutzt in der Mine verbleibt.«

Verschwiegen wurde auch die verhängnisvolle Explosion auf der Reede von Magadan am 23. August 1939, dem Tag, da der deutsch sowjetische Nichtangriffspakt geschlossen wurde. Dort starben drei- oder viertausend Menschen. »Bis heute weiß darüber praktisch niemand etwas«, schrieb der Historiker Nathan Eidelman in »Tiempos Nuevos« Nummer 30, 1989. Und was ist mit den Millionen von Wolgadeutschen oder den Krimtataren, die in den Kriegsjahren aus ihrem Land vertrieben und in den verschiedenen Gebieten des sowjetischen Territoriums verstreut angesiedelt wurden! Man weiß nichts oder nur sehr wenig darüber. Und das allerschlimmste: Ein halbes Jahrhundert lang verschwieg man die Wahrheit über 4000 Ermordeter in Katyn und weiterer Tausender Offiziere und anderer polnischer Gefangener der Lager Koselsk, Starobelsk und Ostaschkow im Frühjahr 1940. Immer hat der Kreml den Nazis die Schuld an diesem Massaker gegeben. Erst nach 1990 sind die Dokumente entdeckt worden, die beweisen, daß es die grausame Tat des sowjetischen NKWD zu Beginn des Zweiten Weltkrieges war.

Diese fehlende Offenheit trübte unseren Blick. Doch nicht nur sie. Wir sahen die Wirklichkeit nicht so, wie sie war - oder wir wollten sie nicht so sehen. Ganz offenkundig war das im Falle Stalins.

Das volle Ausmaß der Verbrechen Stalins wurde 1956 auf dem XX. Parteitag der KPdSU enthüllt. Weitere Einzelheiten kamen erst durch Perestroika und Glasnost ans Licht. Vor dem XX. Parteitag kursierten freilich Informationen, die aus trotzkistischen Quellen und von den kapitalistischen Geheimdiensten stammten, welche die begangenen Verbrechen denunzierten. Ich erinnere mich, daß in den dreißiger oder vierziger Jahren in Chile ein Buch erschien, dessen Titel in roten

Buchstaben den gesamten Einband einnahm: »Die Verbrechen Stalins«. Es genügte, daß solche Enthüllungen von seiten der Trotzkisten oder der westlichen Geheimdienste herrührten, um nicht geglaubt, ja gar nicht erst gelesen zu werden. Genauso verhielten sich auch meine Genossen. Wir setzten eine Brille auf. Das war unsere Mentalität, die kommunistische Mentalität in den dreißger oder vierziger Jahren, die nach dem XX. Parteitag nicht abgebaut wurde und die in vielen von uns fortbesteht, wenn auch immer schwächer.

Die Haltung zur Sowjetunion war der Prüfstein der Revolutionäre. Das bedeutete fast eine Sentenz, ein strikt zu befolgendes Rezept. Gültig für lange Zeit. Entscheidend war, an der Seite des ersten sozialistischen Landes zu stehen, darum bemächtigte es sich des größten Teils der blind vertrauenden kommunistischen Parteien. Dazu trug wesentlich die Tatsache bei, daß die Parteien sich bis 1943 als Zellen einer einzigen Weltbewegung verstanden, der Kommunistischen Internationale, und in den ersten Jahren der Idee anhingen, daß die sozialistische Revolution die gesamte Welt und in einer ersten Etappe ganz Europa erfassen würde. Lenin selber vertrat diese Ansicht. Die Unantastbarkeit Lenins, der Personenkult gegenüber Stalin, die Definition der Kommunistischen Partei der Sowjetunion als führende Kraft, als Kopf der kommunistischen Bewegung, vervollständigten das Bild von der ungenügenden Autonomie und des geringen schöpferischen Potentials der meisten Parteien.

Als ich diese Zeilen bereits geschrieben hatte, stieß ich zufälliger- und glücklichweise auf Äußerungen von Aragon, dem großen französischen Romancier und Dichter und engen Freund Pablo Nerudas. Ich fand sie in einer alten Ausgabe der Zeitschrift »Ercilla«, im Haus der Malerin Regina Pérez. Es handelte sich um ein Interview, das er 1971 »L'Express«gewährte. Aragon spricht über die Liebe, über die Sorgen des heutigen Menschen, über seine Zugehörigkeit zur Kommunistischen Partei, über Stalin und anderes mehr.

Der Journalist erinnert ihn an einen seiner Verse: »Man möchte, daß die Welt so sei; man sieht sie nicht so, wie sie ist.«

Und er fragt ihn: »Ist das eine Anspielung auf die Enthüllungen Chrustschows über die Stalin-Ära?«

»Ich bin nie gänzlich blind gewesen«, antwortet Aragon. »Manches paßte mir einfach nicht. Jener Vers entstand vor dem XX. Parteitag. Ich will damit nicht sagen, daß ich Dinge wußte, die uns später Leute mit fundierten Kenntnissen - wie im Falle Chrustschows - enthüllten. Wir konnten sie gar nicht wissen. Vielleicht war ich, als ich es erfuhr, weniger verwundert als andere. Aber lange Zeit glaubte auch ich, daß der einzige Ausweg aus dem Dilemma Stalin selber war, Stalin mit seiner Haltung und sogar weil er diese Haltung so willkürlich benutzte. Ich schätzte Stalin aufgrund bestimmter Maßnahmen: Beispielsweise weil er mit einem einzigen Wort der Haßkampagne gegen den großen Dichter Majakowski nach dessen Selbstmord ein Ende setzte. Oder aufgrund einiger seiner Texte, zum Beispiel wenn er sich zum Antisemitismus äußert und diesen als eine moderne Form des Kanibalismus definiert. Ich wußte nicht, daß die antisemitischen Übergriffe in der UdSSR auf den Urheber dieser Definition zurückgingen. Ich war der Überzeugung, Stalin könne die Probleme lösen, die mich empörten. Das war meine Hoffnung. Natürlich war mir unbekannt, daß er alle Fäden in der Hand hielt. Doch war ich nicht so absolut blind wie viele unserer Genossen.«

»Würden Sie sich dazu bekennen, daß Sie in der Vergangenheit etwas naiv gewesen sind?«

»Selbstverständlich! Das habe ich ja gerade gesagt. Aber meinen Sie nicht, daß die Leute, die heute sagen:

›Sie sind naiv gewesen‹, genauso naiv oder naiver auf anderen Gebieten sind? Der Stalinismus schuf die Bedingungen für die Gutgläubigkeit von Leuten meines Schlages; das ist richtig. Dennoch kann man nicht behaupten, ich sei Stalinist in dem Sinne gewesen, den das Wort in der Gegenwart hat. Leute meinesgleichen sind eher Opfer als Schöpfer eines Systems gewesen, das sie zu verteidigen hatten, in völliger Unkenntnis der Gebrechen und der Verbrechen ebendieses Systems. Ich gebe freilich zu bedenken, daß ich viel geschrieben habe und deshalb zu den Leuten gehöre, denen man jederzeit vor Augen halten kann, was sie an dem und dem Tag gesagt haben, was aber in Wahrheit nichts beweist. Die nichts schreiben, haben den Vorteil, daß nichts von dem, was sie denken, als Beweis festgeschrieben ist: Alles Törichte, das sie je gesagt haben, trägt der Wind davon.«

Im Süden der Welt

Die Kräfte, die heute in der Offensive sind, bemühen sich, die Exsowjetunion auf den Weg des Kapitalismus zu bringen. Doch die Völker Rußlands und der anderen Länder, die heute die Gemeinschaft Unabhängiger Staaten bilden, müssen den Weg beschreiten, ohne ihn selber gewählt zu haben. Wiederholte Meinungsumfragen im Verlauf des Jahres 1991 - u. a. seitens des Times Mirror Center for the People and the Press, verwaltet von den Verlegern der Zeitung »Los Angeles Times«- ergaben, daß die Mehrheit des Volkes keinen Wechsel des Systems wollte.

Was das Volk wollte - und zu Beginn der Perestroika war dies das Ziel -, war die Reformierung des Sozialismus und nicht die Rückkehr zum Kapitalismus. Gorbatschow hat dem Volk nicht den Kapitalismus angeboten.

Die Perestroika hatte die Notwendigkeit betont, die Planwirtschaft mit der Marktwirtschaft zu verbinden, die Rolle der kommerziell-finanziellen Beziehungen aufzuwerten und die Vorteile des sozialistischen ökonomischen Systems, vor allem die Planwirtschaft bestmöglich zu nutzen, wobei Subjektivismus abgebaut und Deformationen beseitigt werden sollten. Man beschloß, die ökonomische Autonomie der Betriebe zu erweitern und die Eigentumsformen aufzubrechen, wobei freilich der sozialistische Charakter beibehalten werden müßte. Es wurde also die Schaffung von Kooperativen angestrebt, die auf der Basis der Arbeit ihrer Mitglieder funktionieren sollten, ohne Ausbeutung fremder Arbeitskraft, mit dem Ziel, neuartige und qualitativ hochwertige Produkte und Dienstleistungen auf den Markt zu bringen und, mittels der Konkurrenz, den staatlichen Sektor zu motivieren, mehr und besser zu produzieren. Zugleich wurden die Betriebe ermächtigt, eigenverantwortlich im Außenhandel zu operieren: Auf diese Weise sollte der Export gesteigert, der Zustrom von Devisen erhöht werden. Die Betriebe selber würden dadurch auch verpflichtet, ihre Produktionsweise zu modernisieren, um auf dem internationalen Markt erfolgreich aufzutreten. Diese Reformen sollten die Wirtschaft aus ihrer Stagnation herausholen und ihr einen Aufschwung ermöglichen.

In der Praxis verlief aber alles ganz anders; die Resultate wichen von den angekündigten in erheblichem Maße ab.

In einer von der Wochenzeitschrift »El Siglo« auszugsweise veröffentlichten Analyse des Akademikers Grigori Kotowski, Generalsekretär der Internationalen Vereinigung der Wissenschaftler, wird festgestellt, daß die von der Perestroika postulierten Ziele nicht erreicht wurden. Der größte Teil der Mitglieder in den Kooperativen sowie der Betriebsleiter hat hauptsächlich über den Innen- und den Außenhandel nachgedacht. Zwangsläufig hat sich eine Schicht von spekulierenden Kapitalisten herausgebildet, hervorgegangen aus einem Sektor der Nomenklatura, dem korrupte Staatsbeamte angehören. Das auf diese Weise entstehende Kapital wird praktisch gar nicht in die Produktion investiert, sondern in neue spekulative Aktivitäten; auch werden keine der von der Bevölkerung so dringend benötigten Konsumgüter importiert, vielmehr Luxuslimousinen und andere, unwichtige und teure Dinge, die nur denen zur Verfügung stehen, die sie bezahlen können, und das sind eben jene Angehörigen der sich entwickelnden Bourgeoisie. Mehr noch, einen Teil der solcherart erzielten Gewinne werden auf ausländische Banken transferiert; die Höhe der Konten beläuft sich zwischen 16 und 20 Milliarden Dollar. »Die Korruption«, so schreibt Grigori Kotowski, »erlebt eine Blütezeit, die maffiaartigen spekulativen Elemente sind gestärkt worden. Anders gesagt, der Zerfall des alten Systems hat sich beschleunigt, ohne daß ein neues System, welches auch immer, an seine Stelle getreten wäre.«

Der Kapitalismus ist, historisch gesehen, aufgetreten, als bedeute er einen Schritt nach vorn, ein höheres System, Ersatz für das feudale Regime, das ihm vorausging. Dieses höhere Niveau bewies er anhand von Tatsachen. Er entstand aus dem Schoß der untergehenden Gesellschaft, in der die Elemente verborgen lagen, die nun ans Tageslicht drängten. Von daher die Kraft. Von daher die während einer bestimmten Zeit notwendig zu gestaltende Gegenwart. Doch was heute in der Exsowjetunion vor sich geht, das Bemühen, hier den Kapitalismus aufzubauen, entspricht nicht den unausweichlichen Forderungen, die für die Entwicklung der Gesellschaft unumgänglich sind. Darum ist der Kapitalismus atypisch und anormal. Er scheint willkürlich aufgesetzt zu sein, und zwar seitens einer von diesem System begeisterten Gruppe, an deren Spitze Boris Jelzin steht.

Der Kapitalismus braucht Kapital und Kapitalisten. In der Exsowjetunion tauchen Kapitalisten auf, es gibt eine erste Akkumulation von Kapital, die mächtigen Länder des Westens bieten Kredite in Höhe von zweistelligen Milliarden Dollar, und zahllose Industrielle, Kaufleute und Banker stellen Mittel zur Verfügung, um Betriebe mit gemischten Eigentumsformen aufzubauen, Banken zu errichten und jede Art von Handel zu ermöglichen, und zugleich helfen sie dabei, kapitalistische Unternehmen aufzubauen und zu unterhalten und einige Wirtschaftszweige mit modernen Technologien auszurüsten. British Petroleum und Styate Oil interessieren sich für die Förderung von Erdöl, die multinationale südafrikanische De Beers für die Diamanten in Jakuta, die Alaska Mining Corporation für das Gold in Sibirien.

»Mit der Privatisierung in Sibirien«, notiert der Sonderkorrespondent von »Le Monde«, Jean-Jacques Narie, »möchte man die Region praktisch in eine Rohstoff liefernde Kolonie verwandeln, und der Grad der Veränderungen wird von den Multinationalen vorgegeben. Die Liquidation der zu reformierenden nationalen Industriebetriebe und eine massive Arbeitslosigkeit qualifizierter Kräfte werden unausweichliche Folge sein. In absehbarer Zeit wird die Exsowjetunion zu einem Dritte-Welt-Staat geworden sein, sie gleitet in einen dem Imperialismus untergeordneten unterentwickelten Kapitalismus. Die anderen osteuropäischen Länder, die zum sozialistischen Lager gehört hatten, bewegen sich ebenfalls in diese Richtung. »Der Osten möchte gen Westen gehen, aber er befindet sich im Süden. Der Osten sehnte sich nach der Freiheit und dem Wohlstand des Westens, gefunden hat er die Armut, die Unterentwicklung und die Unsicherheit, charakteristisch für die Demokratie im Süden der Welt«, sagte Bronislaw Jemerex, feinsinniger Experte der »Strategie des polnischen Postkommunismus«, vor einem Forum, das in Paris auf Initiative der Zeitung »Libération« stattfand.

Aber es ist nicht klar, bis wohin und wie lange die ehemaligen sozialistischen Länder auf diesem Weg voranschreiten werden.

In der Exsowjetunion sind die Betriebe, die Bergwerke, ist der Grund und Boden, das Transportwesen, die Banken, der Handel weiterhin staatliches Eigentum, all das gehört formal der ganzen Gesellschaft, und zwar zu 90 Prozent oder mehr. Was an Privatkapital und an Unternehmen mit moderner kapitalistischer Struktur geschaffen worden ist, reicht bei weitem nicht aus, um die Produktionsmittel zu erwerben und zu modernisieren oder um in neue Industriezweige zu investieren. Die internationale Bank verfügt nicht über Mittel, nicht in der Größenordnung, die notwendig wären, um Privatisierung und Modernisierung der Wirtschaft zu finanzieren. Außerdem investiert sie nur dort, wo sie Sicherheitsgarantien hat, und die hat sie hier nicht.

Der Prozeß des Heranbildens von Kapitalisten und des Entstehens von Kapital, so rasch auch immer er sich vollzöge, brauchte einige Jahre, die ökonomische, soziale und politische Situation in der Exsowjetunion verlangt aber nach sofortigen Lösungen.

Die Rückkehr zum Kapitalismus stößt auf ernsten Widerstand. In den letzten Oktobertagen des Jahres 1992 gab es aufschlußreiche Ereignisse. In der asiatischen Republik Tadschikistan besetzten bewaffnete Kommandos unter Führung von Safaradi Kendiajew, dem Expräsidenten des Parlaments, den Präsidentenpalast sowie das Parlamentsgebäude. Zwei Tage später gaben sie auf und zogen sich nach Duschanbe, der tadschikischen Hauptstadt, zurück, unter dem Schutz der 201. Division der russischen Armee, die hier stationiert ist. Die bewaffneten prokommunistischen Kommandos zogen sich gemäß einer Regelung zurück, die - laut Agentur EFE - »nach Meinung einiger Beobachter einem Aufschub gleichkommt: Zeit gewinnen und Kräfte sammeln«. Auch in den Baltischen Republiken kommt es zu Unruhen. Bei den Parlamentswahlen in Litauen am Sonntag, dem 25. Oktober, erhielt die Demokratische Arbeitspartei, der, so heißt es in der Notiz, die alten Kommunisten angehören, im ersten Wahlgang 45 von den 86 Sitzen, und es ist sehr wahrscheinlich, daß sie beim zweiten Wahlgang, am 8. November, die absolute Mehrheit von den 55 Sitzen bekommt, die noch zu besetzen sind. In einer Notiz aus Genf, zwei Tage später von »La Epoca« veröffentlicht, teilt die Agentur EFE mit, die Schweizer Tageszeitung »Journal de Genève«sei überzeugt, daß diese Wahlen »die Müdigkeit einer Bevölkerung widerspiegeln, die enttäuscht ist, weil die Freiheit, für die sie gekämpft, für die sie sich Gefahren ausgesetzt und für die sie sogar ihr Blut gegeben hat, ihr nur Schweiß, Tränen, Arbeitslosigkeit, sinkenden Lebensstandard bietet. Sie würde lieber zur Vergangenheit zurückkehren.«

In einem Brief an die »Prawda« vom 11. November 1991 sprach ein russischer Bürger die gleiche Meinung aus. »Nie habe ich der Partei angehört, nie war ich auf einem Meeting«, so schrieb er, »aber meine beste Zeit erlebte ich in der kommunistischen ›Sklaverei‹. Die Medien wollen uns weismachen, daß wir vorher alle eine Binde vor den Augen hatten und daß heute endlich Demokratie und Freiheit im Lande herrschen. Aber ich habe heute nicht die Möglichkeit, das zu kaufen, was ich für mich und meine Kinder brauche. Ich gebe diese Freiheit zurück, sie ist mir zu gar nichts nütze.«

Zurück zu der Nachricht aus Genf. Die Agentur EFE unterstreicht auch, daß nach Meinung des »Journal de Genève«»der Erfolg der Kommunisten bei den Wahlen in Litauen und die Drohung, die über dem russischen Präsidenten Boris Jelzin liegt, sowie die Tagung des Parlaments im Dezember den Beginn der Rückkehr der Kommunisten an die Macht in Osteuropa bedeuten«.

Das ist, denke ich, eine Übertreibung. Ehe es dazu kommt, wird noch viel Zeit vergehen.

Die Leute sammeln Erfahrungen, lernen die Lektionen des Lebens. Unter dem sozialistischen Regime war, trotz der Deformationen und trotz des chronischen Mangels, das Recht auf Arbeit, auf Wohnung, auf Bildung, auf Urlaub, auf gesundheitliche Betreuung gesichert. Heute ist das anders. Um beispielsweise medizinisch versorgt zu werden, genügt es nicht, krank zu sein, man muß Geld haben. Das Geld ist das wichtigste geworden.

»Wer Geld hat, hat keine größeren Schwierigkeiten. Er bekommt alles, was er an Essen und Kleidung braucht«, sagte René Largo, Journalistikstudent in Leningrad (bei der Bevölkerung heißt die von Peter dem Großen gegründete wunderschöne Stadt weiterhin Leningrad), als er anläßlich des Todes seines Vaters in Santiago war.

Er erzählte mir, das größte Problem sei die persönliche Sicherheit. Die meisten Leute laufen mit diesen Apparaten zur persönlichen Verteidigung herum, die wie ein Spray gehandhabt werden und eine Flüssigkeit enthalten, welche den Angreifer für Augenblicke blind macht oder lähmt.

Der kapitalistische Dschungel beginnt genau dort. Die Wirtschaft hat keine Stabilität vorzuweisen, die Verbrechen nehmen zu, die Unzufriedenheit wächst, das Ansehen der in der Regierung versammelten Männer schwindet immer mehr dahin. In diesem Rahmen ist alles möglich: Ereignisse wie in Litauen und Tadschikistan, organisierte gesellschaftliche Bewegungen, heftige Auseinandersetzungen im Kampf um Lebensmittel, Staatsstreiche in Rußland und bei anderen Nationen, die gestern noch die Sowjetunion bildeten, Bürgerkriege, neue interethnische Konflikte und andere Manifestationen von Unzufriedenheit im Volk und vom Ringen um die Macht. Augenblicklich verschlechtert sich die Lage zunehmend. Sehr wahrscheinlich wird in irgendeinem Moment der Tiefpunkt erreicht sein und nach einem gewaltsamen Eingreifen eine Wende nach dieser oder jener Seite eintreten. Pinochet hat das denen öffentlich geraten, die sich für den Kapitalismus entschieden haben. Er hat ihnen gesagt, sie sollten bedenkenlos, mit einem einzigen Hieb »dem Kater den Schwanz abschneiden«, so wie er es getan habe. Jelzin tendiert in diese Richtung, man braucht sich nur seine letzten Entscheidungen anzusehen: die Auflösung der Front zur Nationalen Rettung, jener gegen seine Regierung gerichteten Koalition, die jüngst entstanden ist und die seine, Jelzins, Haltung ablehnt, weil sie als antidemokratisch und verfassungswidrig einzuschätzen sei.

Aber der Weg ist nicht frei. Die Leute gehen auf die Straße, protestieren, organisieren sich. Überall bilden sich Komitees zur Verteidigung der Interessen und der Rechte der Arbeiter. Eine bestimmte Anzahl von Gewerkschaften hat die Zerstörung von ganzen Zweigen der nationalen Industrie aufgedeckt, sie haben vor Streiks gewarnt und ein Internationales Komitee gegen die Pläne der Privatisierung, der Plünderung und der strukturellen Anpassung an den Internationalen Währungsfonds gegründet.

Das letzte Wort wird das Volk sprechen, das starke russische Volk. Den Errungenschaften der Oktoberrevolution wird es eines nicht so fernen Tages eine weitere Heldentat folgen lassen: die Errichtung der Gesellschaft seiner Träume.

70 Jahre Sozialismus sind nicht vergebens gewesen, und ebensowenig nicht die Deformationen und die Fehler, die zu seinem Untergang führten.

Das Rad der Geschichte dreht sich weiter

Der Zusammenbruch des Sozialismus in der Sowjetunion und in Osteuropa führt zu einer tiefgreifenden Veränderung im internationalen Kräfteverhältnis. Die Kapitalmagnaten haben glückliche Tage erlebt. Für sie ging in Erfüllung, was sie heiß ersehnt haben. Wenn sie einen Augenblick an eine solche Möglichkeit gedacht hatten, dann mit der Gewißheit, daß es nur um den Preis vieler Menschenleben geschehen könnte, über einen dritten Weltkrieg, den sie freilich nicht entfesseln wollten, denn das würde bedeuten, die Welt in einen Friedhof zu verwandeln, auf dem auch sie selber begraben würden. Nun erleben sie das Verschwinden ihres mächtigen, gefürchteten Feindes, der Sowjetunion, ohne daß sie einen einzigen Schuß abzugeben oder den Verlust eines einzigen ihrer Soldaten zu beklagen brauchten.

Es gibt also keine bipolare Welt mehr. Eine der beiden Supermächte existiert nicht mehr. Und die überlebt hat, die Vereinigten Staaten, herrscht nun, fast ohne auf Widerstand zu stoßen. Die Rolle, die sie im Golfkrieg spielte und bei der Hilfsaktion für Somalia - beide Male in Übereinstimmung mit der UNO - scheint gefährliche Präzendenzfälle geschaffen zu haben, die morgen dazu führen könnten, in Jugoslawien und anderswo einzugreifen, um die hegemoniale Macht in der Welt zu bestätigen.

Die Auflösung des Systems, das nach der russischen Revolution von 1917 errichtet wurde, ist nur Ausdruck der seit Jahren schwelenden tiefen Krise, die offen zum Ausbruch kam, als mit der Reformierung und Demokratisierung der Sowjetgesellschaft, weltweit bekannt geworden in der ganzen Welt als »Perestroika«und »Glasnost«, begonnen wurde.

Diese Krise und ihr katastrophaler Ausbruch haben das Prestige des Sozialismus in einem Maße beschädigt, wie es 70 Jahre der Negativpropaganda nicht vermocht haben.

Zu den Enttäuschungen in dem mit Mängeln und Schwächen behafteten sozialistischen Regime, das in der Exsowjetunion und in Osteuropa aufgebaut worden war, kamen die Illusionen, die der Kapitalismus in seiner modernsten Phase geweckt hat.

Das große Kapital manipuliert die Massenmedien, an erster Stelle das Fernsehen, um der Bevölkerung Ideen, Werte, Vorlieben schmackhaft zu machen, die seine eigene Herrschaft festigen. Ein internationales Heer von Millionen menschlicher Wesen arbeitet Tag und Nacht in diesen Medien, verherrlicht die Gewalt, den Sex, die zügellosen Gewohnheiten, den Konsumismus, den Müßiggang, das ausschweifende Leben, dem ein Teil der kapitalistischen Gesellschaft frönt; und sie wollen glauben machen, daß dies allen Völkern zur Verfügung stehen könne, daß dies das Nonplusultra des Glückes sei. Unleugbar fand und findet diese Propaganda breites Echo, auch bei einem Teil jener Menschen, die im Sozialismus gelebt haben, vor allem bei der Jugend.

Über die verschiedensten Kanäle und mit unterschiedlichsten Methoden wollen die Agenten des Kapitalismus zugleich die Leute dazu verleiten, nicht oder wenig nachzudenken, denn der Mensch soll die edelsten Ideale aufgeben und zum Lebewesen werden, das nur arbeitet und konsumiert.

Ein weiteres negatives Phänomen ist uns bewußt geworden. Es wächst die Zahl derer, die in den letzten

Jahren das revolutionäre Lager verlassen haben und nun behaupten, die Revolution sei unmöglich und der Sozialismus eine bloße Schimäre, oder sie erklären sich zu Anhängern des sogenannten demokratischen Sozialismus, der in verschiedenen Ländern Europas Verbreitung findet und der die Besonderheit besitzt, von den Multinationalen geduldet zu werden.

Marktwirtschaft ist »in«, und wir erleben das Fieber der Privatisierung. Das eine wie das andere wird als Allheilmittel empfohlen, Chile als Beispiel genannt, als Pionier und Führer der Modernisierung. Und die Wirtschaftsexperten in der Regierung Aylwin sehen nicht untätig zu. Sie verkünden mit Pauken und Trompeten, daß wir auf dem besten Wege sind, in die entwickelte Welt einzutreten. Sogar das Datum haben sie schon festgelegt: das Jahr 2010.

Viele von denen, die als einstige Verfechter der Verstaatlichung, der Enteignung und der Vergesellschaftung aller Produktionsmittel, also der gesamten Industrie, sowohl der großen wie der kleinen Betriebe, auftraten, geben sich heutzutage als die eifersüchtigen Wächter des Kapitalismus, die Hüter der Interessen der Unternehmer, Verehrer des Marktes, Verteidiger der unternehmerischen Freiheit, Paladine der freien Konkurrenz aus. Wir sind die »Erneuerten« und um so »erneuerter«, je mehr wir zum Zentrum oder nach rechts tendieren und desto mehr Anerkennung wir bei den Kapitalisten finden. Es sind jene, die die revolutionäre Theorie des Marxismus, welche dem Kampf der Völker eine entscheidende Rolle bei der Schaffung einer besseren Gesellschaft zumißt, aufgegeben und sie durch die opportunistische Philosophie des Pragmatismus, Synonym für Realismus, ersetzt haben. Die Pragmatiker definieren die Politik als Kunst des Möglichen, ohne in Rechnung zu ziehen, was die organisierte Aktion der Menschen vermag, die sich um ein gemeinsames Ziel scharen und sich auf die objektiven Gesetze der historischen Zukunft stützen. Auf diese Weise fördern sie die Passivität, rechtfertigen sie die Kompromisse, die Verzicht auf den Kampf für soziale Veränderungen einschließen.

Es gibt auch durchaus zu Bemängelndes in den Reihen der Kommunisten. Für viele von denen, die aus dem Marxismus eine Religion machten, sind die Idole um- und die Kathedralen zusammengestürzt. Sie haben aufgehört, Kommunisten zu sein - was sie emphatisch betonen, damit ja keiner sie verwechselt -, und sie nennen sich einfache linke Demokraten. Die übrigen, unter ihnen viele, die noch nicht bereit sind, sich zu organisieren, bleiben ihren Überzeugungen treu und nehmen die harten Lektionen kritisch an. Die Moral und der Kampfgeist eines Großteils von ihnen ist heute weniger anspruchsvoll und weniger leidenschaftlich, als man das früher an ihnen kannte und bewunderte. Auf jeden Fall zeichnen sich die Aktivsten aus durch ihre Hartnäckigkeit im Kampf, durch ihre unbeirrbare Entschlossenheit, die Fahne des Sozialismus hochzuhalten, und durch die Bereitschaft zu persönlichen Opfern, wenn es um die Sache geht, die sie verfechten. Es sind jene, die, wie auch Revolutionäre anderer Art, um Veränderung ringen, versuchen, die eigentlichen Gründe für das Scheitern des Sozialismus zu begreifen, die gewaltigen Probleme zu lösen, die das Leben mit sich bringt, und versuchen,die Kräfte des Volkes zu mobilisieren, um die großen Alleen zu eröffnen, von denen Präsident Allende in seiner letzten Botschaft sprach.

Unter den Bedingungen, die in den letzten zehn Jahren des 20. Jahrhunderts, also des zweiten Jahrtausends herrschen, fehlen nicht jene, die das Ende des Kommunismus und der Ideologien prognostizieren, den endgültigen Sieg der liberalen Demokratie und die ewige Macht des kapitalistischen Systems in der ganzen Welt. Der typischste Interpret dieses Deliriums ist der Nordamerikaner japanischer Abstammung, Francis Fukuyama, Exberater des Statedepartments und Autor eines Buches mit dem schaurigen Titel: »Das Ende der Geschichte und der letzte Mensch«.

Auf der Welle von Fukuyama schwimmt »El Mercurio«in Santiago de Chile. In seiner Ausgabe vom 3. Mai 1992 behauptet er, daß »die an Terrain verloren haben, die den unvermeidlichen Konflikt zwischen Kapital und Arbeit, zwischen Arbeitgeber und Arbeitnehmer, zwischen Metropole und Randgebiet in der Dritten Welt postulierten«. Er verkündet einen künftigen »Kapitalismus für alle«.

Menschen seiner eigenen Umgebung distanzieren sich von ihm und teilen solcherart leichtfertige Urteile nicht. In ihren Augen sprechen die Tatsachen für sich. Eine Woche nach Veröffentlichung der interessanten Prognose in »El Mercurio«wurde die Welt durch die Eskalation der Auseinandersetzungen zwischen Schwarzen und Spanischsprachigen in Los Angeles erschüttert, die 55 Tote und 3 000 Verletzte forderte sowie 3 700 Plünderungen und Brände in Handelseinrichtungen zur Folge hatte. Ausgelöst worden war das Ganze durch weiße Polizisten, die einen schwarzen Schofför beinahe erschlagen hatten. Einige Tage später begannen Arbeiter auf den Flughäfen und in anderen öffentlichen Einrichtungen in Deutschland einen Streik, der damit endete, daß die Löhne höher waren, als am Anfang gefordert.

Der Kapitalismus ist 400 Jahre alt, und vor 200 Jahren verkündete die bürgerliche Revolution die Menschenrechte und hißte die Fahne der Freiheit, der Gleichheit und der Brüderlichkeit unter den Menschen. Doch auch in Frankreich setzte sich das allgemeine Wahlrecht erst 80 Jahre später durch: 1869; die

Pressefreiheit 95 Jahre später: 1884; und das Versammlungsrecht erst zu Beginn des 20. Jahrhunderts. Der größte Teil der Menschheit lebt in Rückständigkeit und Unterdrückung. Die demokratischen Freiheiten kommen nur einer Minderheit zugute. Zwei Milliarden Menschen, fast 40 Prozent der Weltbevölkerung, leben im Elend. Die UNO hat im Mai 1992 aufgezeigt, daß die Zahl der Armen in der Dritten Welt Jahr für Jahr anwächst. Zwischen 1970 und 1985 stieg sie um 162 Millionen, trotz des prozentualen Rückgangs. Die dramatischen Bilder mit verhungerten Kindern in Somalia, vom Fernsehen in alle Welt ausgestrahlt, verdeutlichen, wohin Ungerechtigkeit und soziale Ungleichheit, die überall auf der Welt herrschen, führen. Die Kluft zwischen den reichen und den armen Ländern hat sich in den letzten 30 Jahren um das Doppelte vertieft, heißt es in einem anderen Dokument der UNO, »Weltumfassender Bericht über die menschliche Entwicklung, 1992«. Mehr als ein Viertel der Weltbevölkerung verfügt nicht über ausreichende Nahrung; 1 200 Millionen Menschen vegetieren am Rande der absoluten Armut, 1 500 Millionen werden medizinisch nicht versorgt, 180 Millionen Kinder sind unterernährt, mehr als 300 Millionen besuchen keine Schule und fast eine Million afrikanische Kinder im Süden der Wüste Sahara sind aidsinfiziert.

Auf dem sogenannten Forum der beiden Amerika, das am 22. und 23. April 1992 in den Vereinigten Staaten stattfand, rühmte sich Präsident Bush der Veränderungen in Westeuropa und in der ehemaligen Sowjetunion. Er unterstrich, daß auf dem amerikanischen Kontinent eine hoffnungsvolle Zeit angebrochen sei, und er kündigte an »die Schaffung von etwas, was die Menschheit nie gesehen: einer völlig freien und demokratischen Hemisphäre, in der der Wohlstand dank dem freien Handel gedeihe«.

Solch idyllisches Panorama hat nichts zu tun mit der Wirklichkeit. Der größte Teil der Bevölkerung in Lateinamerika lebt in Armut. »Die wirtschaftliche Rückständigkeit Lateinamerikas ist eine Tatsache, und die Möglichkeit, daß sich Lateinamerika den Vereinigten Staaten annähert, deshalb irreal.« Das betont der argentinische Ökonom Raúl Prebish in seinem Buch »Peripherer Kapitalismus oder demokratischer Sozialismus«, veröffentlicht vor zehn Jahren und noch immer aktuell. Prebish, lange Jahre Exekutivsekretär der CEPAL, unterstreicht: »... die Entwicklung Lateinamerikas kann nicht mit der Möglichkeit rechnen, sich den Vereinigten Staaten anzunähern«, und er beweist: »... die Rückständigkeit ist nicht eine Etappe, sondern sie ist in das vom Kapitalismus vorgebene Modell integriert, wonach ein beträchtlicher Teil des Produktes als Gewinn, als Zinsen und so weiter aus dem Ausland hereingeholt wird.« Um seine Gedanken zu vervollständigen, fügen wir hinzu, daß er in seinem Buch auch betont: »... für die Lateinamerikaner hat der Kreml-Sozialismus keinen Wert, weil er ein System der Produktion ist, das jegliche Initiative verbietet und den Arbeiter seinen Produktionsmitteln entfremdet, obwohl betont wird, daß diese dem Volk gehören.«

Die entwickelten Länder traten als erste in das Industriezeitalter ein. Sie monopolisierten die Finanzquellen, verfügten über die modernste Technologie und wandten sie an und zogen großen Nutzen aus den Beziehungen zu den Nationen im Süden. Durch den Handel und das Kreditwesen holen sie mehr von dort, als sie hingeben. In nicht geringem Maße gedeiht ihr Wohlstand auf dem Elend und der Rückständigkeit der unterentwickelten Völker. Das Panorama also, das sie bieten, eignet sich keineswegs als Beispiel für die anderen. »Fast 25 Millionen Nordamerikaner - einer von zehn - erhalten laut der vom Landwirtschaftsministerium veröffentlichten Zahlen Hilfe vom Staat, um sich zu ernähren«, heißt es in einer Meldung der Agentur EFE, veröffentlicht in »La Epoca«vom 2. März 1992. Freilich, das geschieht unter den Bedingungen der Rezession der nordamerikanischen Wirtschaft, aber auch ohne Rezession gibt es Millionen von Menschen in den Vereingten Staaten, die in Armut und am Rande der Gesellschaft leben. Die Schwarzen werden weiterhin diskriminiert. Sie machen dort nur 12 Prozent der Bevölkerung aus; doch in den Gefängnissen sind 45 Prozent der Häftlinge Angehörige der schwarzen Rasse. an. Die spanischsprachige, die koreanische, die chinesische Minderheit wird ebenfalls diskriminiert.

Der Kapitalismus kann die großen sozialen Probleme nicht lösen, die aus den Klassenantagonismen hervorgehen, auch die sogenannten globalen Probleme, der Schutz des menschlichen Lebens, finden keine Lösung. Durch die Verschmutzung von Luft, Wasser, Boden geht die Menschheit den Weg der Selbstzerstörung. Wie Fidel Castro auf dem Gipfel in Río de Janeiro zum Schutz der Umwelt sagte, ist uns bewußt geworden, daß der Mensch Gefahr läuft, durch die selbstverschuldete, rasch fortschreitende Vernichtung der natürlichen Bedingungen seiner Existenz zu verschwinden. Zahlreich sind die Stimmen, die Maßnahmen fordern. Sie werden dann ergriffen, wenn irgendwo, beispielsweise in Mexiko-Stadt oder in Santiago de Chile, die Luft nicht mehr zu atmen ist. Doch im Prinzip verschärft sich die Situation immer weiter. Die Urwälder werden weiterhin abgeholzt, sogar Wasserkraftwerke wie das in Pangue, im Süden unseres Landes, werden zerstört, obwohl man genau weiß, daß dadurch das Ökosystem eines beträchtlichen Teils jenes Gebietes kaputtgemacht wird, wo die Pehuenches, die Araukarien, wachsen. Das kapitalisti-